AF453278

PROVERBE

ET

COMÉDIE.

IMP. DUFEY, A PONTOISE.

PROVERBE

ET

COMÉDIE

PAR

MARTIAL PALAND.

E. DENTU, ÉDITEUR,

LIBRAIRE DE LA SOCIÉTÉ DES GENS DE LETTRES,

PALAIS-ROYAL, 13, GALERIE D'ORLÉANS.

—

1864

Du même auteur :

ESSAIS POÉTIQUES.

LES AMOURS D'UN VIEILLARD.

LA SCIENCE ET L'AMOUR.

LES RELATIONS

COMÉDIE EN TROIS ACTES ET EN PROSE.

A MADAME D.......

Plus d'une fois, le maître illustre que nous avons perdu,
pour vous complaire, prescrivit aux directeurs des théâtres
de représenter ses plus belles œuvres. Le public vint en foule
applaudir des spectacles qui n'avaient été choisis que pour
vous.

Moi qui n'ai pas, Madame, le sceptre si vaillamment con-
quis par Eugène Scribe, mais qui sais comme lui ce que vaut
votre cœur, j'ai voulu que votre nom fût inscrit en tête d'une
pièce qui n'a été ni jouée, ni même présentée à aucun théâtre,
et qui, à défaut d'autre mérite, aura celui de vous témoigner
mon respectueux attachement.

PERSONNAGES.

LÉOPOLD.
Le baron DE BEAUREGARD.
Martial DE SAINT-REMY.
Achille DE SAINT-REMY.
Madame DE SAINT-REMY.

La duchesse DE VALMORIN.
HÉLÈNE.
CLÉMENCE.
EVA.
Une domestique.

La scène est à Paris.

LES RELATIONS

Comédie en trois actes et en prose.

ACTE PREMIER.

Le théâtre représente un petit salon très-élégant, avec portes latérales.

SCÈNE PREMIÈRE.

MARTIAL, à la cantonade.

Clarisse, voyez donc si Madame est rentrée?... Prévenez-la qu'elle n'a plus qu'une demi-heure pour s'apprêter..... (Il entre en scène.) On dîne à six heures chez le marquis; nous n'arriverons jamais à temps.

SCÈNE II.

MARTIAL, Mme DE SAINT-RÉMY.

MARTIAL, la pressant dans ses bras.

Bonne mère! quelle joie, quel enchantement de vous avoir tout près de nous, dans le même hôtel, après de si longues années de séparation!

Mme DE SAINT-RÉMY.

C'est là un bonheur de mère, mon enfant; personne ne l'appréciera mieux que moi... Ah! la vie est parfois une rude école où les larmes sont plus abondantes que les joies, et où le pied le plus ferme n'est jamais bien sûr de ne pas trébucher... Grâce à Dieu, les jours d'épreuves paraissent terminés. Mon dernier regret est de vous avoir mis si jeunes, ton frère et toi, dans la nécessité de lutter contre l'infortune.

MARTIAL.

Oh! ne dites pas cela... Regretter le sacrifice de votre fortune fait à la mémoire de notre père, à sa réhabilitation? regretter le noble courage qui vous a portée à braver toutes les privations pour conserver intact le vieil honneur des Saint-Rémy?... Oh! ne regrettons pas cela... Croyez-moi, vous ne pouviez ajouter un titre plus beau à celui de la meilleure des mères!

Mme DE SAINT-RÉMY.

Cher enfant!...

MARTIAL.

Du reste, pensez-vous que cette lutte de l'honnête homme contre sa destinée soit sans charme, et ne porte pas en elle sa récompense! On est, comme le villageois, tout orgueilleux de sa moisson.

Mme DE SAINT-RÉMY.

Moisson, hélas! trop insuffisante.

MARTIAL.

Dame! il ne faut pas demander plus que le sol qu'on choisit ne peut donner. Les agents des finances deviennent rarement millionnaires : mais ils vivent honorablement, cela doit suffire. Quant à moi, j'aurais tort de me plaindre. Grâce à mes relations, qui m'ont valu de nombreux appuis, et à un travail assidu, je suis un des plus favorisés de mon administration : cinq mille francs de traitement après quatorze ans de service, c'est merveilleux!

Mme DE SAINT-RÉMY.

Et c'est avec ces cinq mille francs, car ta femme est à peu près sans fortune, que vous occupez ce joli appartement, vivez dans un certain luxe, fréquentez un monde distingué, opulent?

MARTIAL.

Oh! pour cela, petite mère, il faut demander des explications à Hélène. Elle a des parents, des tantes très-riches... son bonheur au jeu est incroyable..... Comment s'y prend-elle? je l'ignore absolument.... Toujours est-il que, meubles précieux, cachemires, diamants, lui tombent du ciel, et que pas un créancier n'est encore venu nous montrer sa face morose. Elle est mon intendant, mon ministre des finances. Je ne sais trop si son système est celui des virements, mais elle a un talent sans égal pour faire naître l'accord entre la main qui donne et celle qui reçoit : son budget est toujours en parfait équilibre; c'est à faire honte aux financiers les plus consommés. Ce n'est certes pas moi qui pourrais, comme elle, me tirer de ce mauvais pas. Chaque mois, je me contente de lui apporter l'obole reçue du trésor public, et je n'ai plus à me préoccuper de rien; tout le reste s'arrange, se règle comme par enchantement.

Mme DE SAINT-RÉMY.

Hélène reste seule toute la journée?

MARTIAL.

Elle fait ou reçoit des visites, va au bois avec nos amis. Je m'organise de manière à ce que les huit heures données chaque jour à mon administration ne pèsent pas trop lourdement sur elle. L'hiver tous ses jours sont remplis, toutes nos soirées sont prises; l'été, Hélène accepte quelques-unes des nombreuses invitations qui nous viennent des châteaux les moins éloignés de Paris. Moi-même, quand je puis obtenir quelques jours de congé, j'accours auprès d'elle jouir de ce bon air des champs, de cette fraîche verdure qui repose si bien les yeux.

Mme DE SAINT-RÉMY.

Quelle imprudence !

MARTIAL.

Imprudence?

Mme DE SAINT-RÉMY.

Oh! que voilà bien le portrait de ton père : confiant sans mesure, imprévoyant à l'excès. Vous portez, Messieurs, le cœur trop haut pour que l'ombre même du soupçon puisse y pénétrer. Mais prenez-y garde, il s'agit moins de suspecter les autres que de veiller sur eux : ceux qui n'aiment à nous guider que parmi les écueils sont responsables du naufrage.

MARTIAL.

Expliquez-vous?

Mme DE SAINT-RÉMY.

Avant ton mariage, je ne voyais pas grand inconvénient à conserver tes nombreuses relations; mais livrer une jeune femme belle, inexpérimentée, à toutes les séductions d'un monde élégant et oisif : voilà le tort.

MARTIAL.

Hélène soupçonnée?... En vérité, ma mère, cette pensée-là, je vous l'avoue, ne me serait jamais venue.

Mme DE SAINT-RÉMY.

Je n'ai aucun soupçon, Martial. Dieu me garde d'accuser, de calomnier personne. Je voudrais seulement, sans t'alarmer, te voir un peu moins insoucieux des embûches qu'on peut vous tendre, et éveiller ta vigilance. Sans aucun doute, notre chère Hélène a toutes les qualités, toutes les vertus désirables : mais, songes-y donc, aveugle enfant, à quels périls, sans cesse renaissants, ne l'as-tu pas exposée depuis cinq ans que vous êtes mariés? Pauvres comme vous l'êtes, vous n'avez fréquenté que l'opulence!... Crois-tu donc qu'une âme de vingt ans soit toujours inaccessible aux tentations de l'envie, au brûlant désir d'imiter ceux qui l'entourent, et de se plonger à son tour dans les enivrements de la fortune? Eh quoi! après avoir guidé ce jeune cœur, comme un autre Tantale, au milieu de délices vainement convoitées, tu laissais ta femme seule des jours, des mois entiers en compagnie d'hommes désœuvrés dont la vie frivole n'a le plus souvent qu'un but : le plaisir licite ou déshonnête!... Et pas un berceau, pas un enfant, pas une mère, n'était là, comme un ange gardien, pour abriter, sauver cette pauvre âme abandonnée!

MARTIAL.

Mon amour et mon honneur y étaient, ma mère : c'était plus qu'il n'en fallait pour que ma femme fût respectée..... Mais quelle idée avez-vous donc, en province, de nos grandes sociétés parisiennes? On croirait, à vous entendre, qu'on ne peut y faire un pas sans être englouti dans ce monde de perdition? — C'est Balzac, ce sont les romanciers vitrioliques qui vous font tous ces contes-là. Où se réfugiera donc la morale, où se trouvera le respect des siens et de soi-même, si ce n'est dans les classes d'élite, parmi les familles chez lesquelles l'honneur est une tradition de plusieurs siècles? — Hélène oublier ses devoirs? Rassurez-vous, ma mère, elle est de votre race et saura, comme vous, dignement porter notre nom.

Mme DE SAINT-RÉMY.

J'en suis persuadée, mon fils, aussi ne fais-je que déplorer une imprévoyance qui aurait pu vous être funeste à tous les deux. La vertu d'Hélène est, j'en suis convaincue, sortie triomphante de cette épreuve; mais combien d'autres y auraient succombé?... Chère enfant! nous l'en aimerons davantage... Avoue que tu as manqué de circonspection, que ce besoin de luxe que vous avez puisé chez les personnes que vous fréquentez, que vos dépenses, en un mot, sont loin d'être en rapport avec votre position de fortune? — Il y a toujours sagesse à n'établir de relations ordinaires qu'avec ses pairs : on se trouve-là dans son milieu naturel, et les dangers y sont moins grands.

MARTIAL.

Vous savez bien qu'on n'est pas toujours maître de choisir ses relations. Le hasard, la nécessité de m'entourer de protecteurs influents sont pour beaucoup dans les nôtres. Du reste, Hélène et moi avons, comme Horace, horreur du vulgaire. Certaines catégories de gens riches ou pauvres ne sauraient nous convenir : l'esprit, la distinction, nos amis de vieille date nous attirent surtout et ont fait naître pour nous, sans que nous ayons jamais eu à les redouter, les rapports les plus agréables. Aujourd'hui que nous voilà tous réunis, c'est bien différent, bonne mère, nous nous garderons bien de donner au monde les heures qui appartiennent à la famille; vos conseils, vos ordres seront respectés ici comme à Limoges.

Mme DE SAINT-RÉMY.

Merci, cher enfant! je ferai en sorte que ce sceptre maternel, que tu veux bien remettre entre mes mains, ne pèse pas trop lourdement sur vous. Hélène remplacera auprès de moi Clémence qui va nous quitter.

MARTIAL.

La santé parfaite dont elle jouit, après une enfance aussi maladive, eût autrefois passé pour un miracle.

Mme DE SAINT-RÉMY.

C'est à peine si j'ose y croire. Nous devons cette cure inespérée à la science et surtout au dévouement du docteur Léo-

pold. Cette fragile enfant a donné courage à tout le monde,
s'est montrée la plus forte au milieu de nos infortunes; aujourd'hui, elle n'a plus qu'un désir : celui de partager avec
ses frères et sa sœur la fortune que lui a léguée sa marraine.

MARTIAL.

Nous n'accepterions pas. — La correspondance si élevée
de Clémence m'a depuis longtemps appris tout ce qu'elle vaut.
Le cœur, chez elle, est à la hauteur de l'intelligence. Le
mari que nous lui avons trouvé est digne d'elle, capable de
la comprendre et de l'apprécier. Quant à Eva, elle est si admirablement belle, qu'elle ne peut manquer de faire sensation.

SCÈNE III.

LES MÊMES, HÉLÈNE.

HÉLÈNE, embrassant madame de Saint-Rémy.

Bonsoir, petite mère.

MARTIAL.

A quoi songes-tu donc, Hélène, tu rentres beaucoup trop
tard? Ne sais-tu pas qu'on se met à table à six heures chez
le marquis de Bonneval?

HÉLÈNE.

Mon ami, j'ai une migraine affreuse.... Il m'est impossible
d'assister à ce dîner... Tu feras agréer mes excuses.

Mme DE SAINT-RÉMY.

Tu le vois, Martial, toutes ces soirées passées au dehors,
tous ces grands dîners fatiguent notre chère Hélène.

MARTIAL.

Eh mon Dieu! c'est pour elle seule que je les accepte. Nous
y renoncerons dès qu'elle le voudra.

HÉLÈNE.

Oui, mon ami, je sais combien tu es bon et désireux de m'être agréable. Peut-être bientôt te rappellerai-je les paroles que tu viens de prononcer. Mais cette légère indisposition ne doit pas te faire oublier un engagement. Va, mon ami, va, à bientôt.

MARTIAL.

A bientôt donc, puisque tu le veux.... Mère, guérissez-la.

SCÈNE IV.

Mme DE SAINT-RÉMY, HÉLÈNE.

Mme DE SAINT-RÉMY.

Êtes-vous sujette à cette indisposition, Hélène? Qu'employez-vous en pareil cas?

HÉLÈNE.

Le plus souvent je ne fais rien : cela passe avec un peu de repos, de sommeil, quand il plaît au ciel de me l'accorder paisible.

Mme DE SAINT-RÉMY.

Paisible?... Mais à votre âge, Hélène, le sommeil doit être comme la surface unie d'un lac par un beau soir?

HÉLÈNE.

Oui, Madame, j'ai connu ce calme des nuits... cette paix de l'âme... j'ignorais alors les angoisses...

Mme DE SAINT-RÉMY.

Vous connaissez les angoisses, vous!... Hélène?... Voyons, mon enfant, que se passe-t-il?... Depuis mon arrivée, vous me paraissez souffrante, agitée?... Martial, qui vous chérit plus que lui-même, est le seul à s'apercevoir de ce malaise, de ce trouble... Ayez confiance, mon enfant, prenez-moi pour votre confesseur?

HÉLÈNE.

Mais je n'ai rien à confesser... Madame... je vous assure... Qu'ai-je dit qui puisse vous faire supposer?...

Mme DE SAINT-RÉMY.

Je ne suppose rien, Hélène; ce n'est pas un juge, mais une amie qui vous prie de lui dire, comme à votre mère, qu'elle remplace auprès de vous, la cause de l'état fébrile dans lequel vous semblez vivre?

HÉLÈNE.

En vérité, Madame, c'est une étrange idée que vous avez là... Je suis comme tout le monde. La vie parisienne ne ressemble pas à celle de province : ici, chacun participe plus ou moins à cette fièvre d'affaires, de plaisirs, qui ne s'arrête jamais. — Conduite, il y a cinq ans, au milieu d'une société d'élite, je ne tardai pas à y contracter des habitudes, des besoins qui expliqueraient suffisamment de légers malaises, si le mal avait besoin d'être expliqué..... Rassurez-vous donc, Madame...

SCÈNE V.

LES MÊMES, CLÉMENCE, elle entre en courant.

CLÉMENCE.

Mère, mère! je vous signale un magnifique équipage pavoisé de laquais dorés du haut en bas : il y en a un qui a de grosses épaulettes, ni plus ni moins qu'un géhéral. Achille vient de rentrer. Il croit avoir vu descendre de cette voiture, devinez qui?... une grande dame... sa marraine, votre chère amie l'ambassadrice!

Mme DE SAINT-RÉMY.

Ah mon Dieu! Juliette serait à Paris.

SCÈNE VI.

LES MÊMES, LA DUCHESSE.

LA DUCHESSE, elle la serre dans ses bras

Chère Émilie!

Mme DE SAINT-RÉMY.

Juliette!...

LA DUCHESSE.

Oh! c'est bon, n'est-ce pas, d'embrasser sa meilleure amie après quinze ans d'absence, de retrouver en elle ses plus doux souvenirs de jeunesse? Où sont tous tes chers enfants?... Mais (à Clémence qu'elle embrasse) avancez donc, Mademoiselle... Ce doit être Clémence, notre intéressante malade?

CLÉMENCE.

Guérie, s'il vous plaît, Madame.

LA DUCHESSE.

Guérie ou malade, je ne t'en aimerai pas moins, petite amie... (Elle désigne Hélène) Madame est...

Mme DE SAINT-RÉMY.

Ma belle-fille.

LA DUCHESSE, elle l'embrasse.

Permettez-moi, belle dame, de vous embrasser. Les enfants de mon amie sont aussi les miens : résignez-vous à avoir désormais deux belles-mères. Comme je vais embrasser ce bon Martial avec plaisir!.... Et mon Achille, mon filleul, où est-il donc?

Mme DE SAINT-RÉMY.

Un peu de patience... Tu les verras tous... Repose-toi d'abord un instant... Comment, te voilà, et pas un mot dans ta dernière lettre qui me fît pressentir cette bonne fortune?

LA DUCHESSE.

Nous avons voulu te surprendre. Il faut dire aussi que la santé de mon mari devient de plus en plus inquiétante. L'air natal, la vue de ceux que nous aimons nous manquent depuis trop longtemps... Ah! tout n'est pas couleur de rose dans la brillante carrière de diplomate : c'est la destinée de ce juif inhospitalier que la tradition fait errer sans cesse.... Ne te semble-t-il pas, mon Emilie, que c'était hier que nous sortions du Sacré-Cœur : toi, pour t'asseoir à un foyer paisible, moi, pour monter sur une barque livrée à toutes les tempêtes?

Mme DE SAINT-RÉMY.

Ne parlons pas d'épreuves : les miennes ont été bien amères!

LA DUCHESSE.

Tu as trouvé de douces compensations dans ta famille, dans tes enfants.

Mme DE SAINT-RÉMY.

N'est-ce donc rien que de porter un nom illustre? de posséder les honneurs, la fortune?

LA DUCHESSE.

Oh! si tu savais de quel prix on les paye ces honneurs qu'on nous envie tant! — Certes, en voyant passer une femme au bras d'un homme de mérite, marcher au premier rang, on s'inquiète peu de savoir si, après quelques mois de mariage, elle ne fut pas obligée de s'expatrier, de briser tous ses liens de famille, d'amitié, d'aller planter sa tente, des pôles aux tropiques, sous toutes les latitudes, de cesser d'être fille, d'oublier d'être mère, et de revenir avec une santé détruite, de précoces rides, chercher, au milieu des inconnus, des parents, des amis dont la plupart, hélas! ne doivent plus se retrouver... Heureusement (*elle lui serre la main*) que tu m'es conservée !

Mme DE SAINT-RÉMY.

Bonne Juliette !... Ton tableau est peu flatté, mais je crains bien que tu n'aies beaucoup de peine à convaincre les personnages éminents qui peuvent prétendre à ces grandes fonctions. Les éclatants services de ton mari lui ont bien gagné le droit au repos. Le présent va désormais te dédommager du passé : ta haute position, votre immense fortune, te promettent des jours heureux.

LA DUCHESSE.

Rien ne dédommage d'une santé perdue, sinon le cœur, qui ne meurt pas, lui!.... Cette immense fortune, dont tu parles, n'a-t-elle pas été semée, pour une bonne moitié au moins, sur toutes les parties du globe. L'État rétribue ses représentants ; mais, avec un tempéramment comme celui de mon mari, penses-tu que cela suffise ? Le drapeau de la patrie, dès qu'il a l'honneur de le tenir en ses mains, doit être sans rival : rien de trop cher, de trop grand ; la confiance de son souverain semble l'élever lui-même au rang des têtes couronnées : il faut que chacun reconnaisse en lui le délégué, la personnification du noble et puissant pays de France. Fêtes, prodigalités insensées, rien ne coûte pour toucher au but indiqué... Puis ce sont des naufragés, de malheureux compatriotes à soutenir. L'ambassadeur, généreux comme le maître qu'il représente, donne sans compter, et sa fortune disparaît.

CLÉMENCE.

Mais tous les diplomates vont donner leur démission !

LA DUCHESSE.

Rassure-toi, petite amie. L'ambition ne laisse pas si facilement échapper sa proie. Les croix, les cordons, le pouvoir,
sont encore les plus belles chimères qu'aient inventées les
hommes. Nous avons aussi les nôtres, nous autres femmes :
mais celles-ci sont dans le cœur... Je suis très-fière d'être
ainsi écoutée de tout le monde comme un oracle ; il me semble
pourtant que mon Achille, ce beau filleul que j'ai quitté rose
comme un chérubin, et qui m'a dédié un volume de si jolis
vers, tarde bien à venir.

SCÈNE VII.

Les mêmes, ACHILLE, ÉVA.

Mme DE SAINT-RÉMY.

Te voilà servie à souhait.

LA DUCHESSE.

Est-ce possible?.... Ce grand jeune homme.... cette belle
personne, sont mes chérubins d'il y a quinze ans?... Allons,
monsieur le poëte, embrassez votre marraine... Et vous (elle
les embrasse) Mademoiselle.... Bien, j'ai retrouvé mes enfants!

ACHILLE.

Madame.

LA DUCHESSE.

Il n'y a pas de madame ici, mais une marraine que tu vas
tutoyer comme autrefois, et qui t'en donne l'exemple la première.

ACHILLE.

Oh! c'est impossible... je sais tout le respect...

LA DUCHESSE.

Le respect ne vaut pas l'affection, mon enfant. — Je viens
d'un pays où l'on tutoie tous ceux qu'on aime, et où l'on

déteste au contraire ceux qu'on ne tutoie pas : Choisis?.....
Mais comme tu es pâle... serais-tu souffrant?

Mme DE SAINT-RÉMY.

Il travaille trop. Son goût pour écrire ne pouvait le mener
à rien. Nous l'avons fait entrer dans une administration.

CLÉMENCE.

Oui, Madame, Achille est obligé de se lever à trois heures
du matin pour aller, rue Jean-Jacques Rousseau, faire le tri
des lettres; et, à son retour, au lieu de dormir, de se repo-
ser, croirez-vous que ce pauvre garçon a le courage de faire
des vers, de travailler à de charmantes compositions...

ACHILLE.

Clémence!...

CLÉMENCE.

Aussi, voyez comme il est défait... Pauvre garçon, va!....
je saurai bien le contraindre à donner sa démission, moi!

LA DUCHESSE.

Oh! voilà un *moi* vigoureusement accentué, chère petite;
il n'est pas égoïste celui-là : j'ai la certitude que nous nous
entendrons bien ensemble.... (A Achille.) Comment, avec
d'aussi beaux vers, tu n'es pas plus avancé dans la littérature? Je te croyais déjà un auteur en vogue?

ACHILLE.

Un auteur en vogue!... Vous vous moquez, Madame?

LA DUCHESSE.

Pas de Madame!

ACHILLE.

Je....

LA DUCHESSE.

Allons, marraine, voilà-t-il pas un mot bien difficile à prononcer?

ACHILLE.

Puisque vous l'exigez, marraine...

LA DUCHESSE.

Enfin, nous y voilà; ça n'a pas été sans peine.

ACHILLE.

Oh! si vous saviez combien il faut d'années, de talent pour se faire un nom, même médiocre, dans l'inabordable république des écrivains! Les vers, il est vrai, y sont peu en faveur par le temps présent. Si Clémence ne m'eût fait la guerre pour publier mon volume à ses frais, il serait resté dans les limbes en compagnie de tant d'autres. Encouragé par des hommes d'un grand mérite, j'ai aussi essayé de la prose. Un de nos amis, ancien archiviste du Limousin, m'avait procuré des documents inédits sur Turgot. Je fis tous mes efforts pour m'élever à la hauteur de mon sujet : une année entière fut consacrée à ce travail. Terminé, j'osai le présenter au directeur d'une Revue célèbre. Ce dieu se revêtit aussitôt d'une majesté plus redoutable que celle du Jupiter de Phidias, et m'accabla de ses foudres : « Fuis, téméraire inconnu, l'Olympe des illustrations! va conquérir des palmes avant d'élever jusqu'à lui ta vanité d'auteur! » Mais où est-il donc le moyen de se faire connaître, d'acquérir une réputation, bonne ou mauvaise, si toutes les portes restent fermées aux débutants?

LA DUCHESSE.

Nous les ouvrirons ces portes, mon enfant, je m'en charge.

SCÈNE VIII.

LES MÊMES, LÉOPOLD.

LÉOPOLD, il s'incline devant les dames et donne la main à Achille.

Mesdames... Je viens de rencontrer M. de Saint-Rémy qui m'a dit y avoir ici une migraine à combattre?

HÉLÈNE.

Mais ce n'est rien, Monsieur, absolument rien!... Excusez, je vous prie, mon mari : il a eu tort de vous déranger.

Mme DE SAINT-RÉMY.

Soyez le bien venu, mon cher docteur. (A la duchesse.) Je te présente notre excellent ami, le docteur Léopold, à qui nous devons la résurrection de Clémence. (A Léopold qui s'incline.) Madame la duchesse de Valmorin.

CLÉMENCE.

Oui, Madame, le roi des docteurs : (Se désignant.) Voici son œuvre, son enseigne!

LÉOPOLD.

Parlez moins vite, imprudente.

CLÉMENCE.

On n'est plus sous votre empire, Dieu merci!... on se porte aussi bien que vous.... Figurez-vous, madame la duchesse, que sous prétexte de perturbation dans la pendule (Elle désigne le cœur) qui bat ici, deux savants docteurs m'enfonçaient tous les jours un peu plus avant dans ces vilains trous noirs où l'on nous place quand tout est fini. Fi! comme il doit faire froid et sombre là-dessous.... On frissonne rien que d'y songer.... Et puis, il fait si bon vivre à seize ans : on aime tant de belles choses, après, bien entendu, ses excellents parents et ses non moins excellents amis...

LA DUCHESSE.

Chère enfant!

CLÉMENCE.

En un mot, Madame la duchesse, on faisait mes malles pour l'autre monde; et moi, franchement, je tenais fort à demeurer dans celui-ci... Enfin, une science réelle, un dévoue-

ment sans bornés triomphèrent d'un mal qu'on prétendait
mortel, et me rendirent au bon air, à la belle lumière du ciel,
à ceux que j'aime! — Si vous avez besoin de santé, Madame
la duchesse, vous n'avez qu'à parler, Monsieur en connaît la
source et la répand généreusement.

LA DUCHESSE.

Oui, ma belle, nous en avons fort besoin, le duc et moi.
J'espère que monsieur voudra bien user envers nous de la
même libéralité qu'envers toi?

LÉOPOLD:

Je suis à vos ordres, Madame.

LA DUCHESSE.

Commencez par Madame, qui est souffrante, et qui voudra
bien nous pardonner dě n'y avoir pas plus tôt songé?

HÉLÈNE.

Ma migraine est complétement dissipée.

LA DUCHESSE, elle se lève pour sortir, tout le monde l'accompagne
excepté Léopold.

(A Hélène.) Restez, Madame, je vous en prie.

HÉLÈNE.

J'ai besoin de mouvement, Madame la duchesse, permettez-
moi de vous accompagner.

SCÈNE IX.

LÉOPOLD.

Me voilà du courage pour plusieurs jours... Tout n'est donc
pas dégoût, amertume dans cette rude carrière où l'on commence par dépenser son avoir pour aboutir, après de longues
années d'étude, à la lutte, toujours la lutte!... Oui, l'impitoyable nécessité du pain quotidien est là.... Ah! il ne s'agit

point de s'attarder en route, de se mettre en tête, comme un jouvenceau, quelque folie d'amour ; marche, marche, insensé ! fais-toi place au soleil : une clientèle, un nom, ou va, dans une obscure bourgade, te cacher comme un paria !.. La voilà donc cette noble profession, cet art prétendu libéral !... Vous épuisez vos ressources ; rentré dans votre cité natale on commence à vous appeler ; vous envisagez l'avenir d'un œil tranquille ; mais un instant fatal arrive, une mourante vous appelle : « Je meurs ! je meurs !.... Oh ! par pitié, la vie !.... sauvez-moi !.... » Vous accourez en toute hâte, comme s'il s'agissait de secourir un des vôtres, d'arracher à la mort votre mère, votre enfant ; vous maudissez votre impuissance et voudriez puiser à la source de votre propre existence pour ranimer une inconnue ; vous doutez, vous espérez, chaque minute est une angoisse ! rallumerez-vous ce flambeau presque éteint, n'aboutirez-vous qu'à la tombe ?.... Enfin le mal est vaincu, vous triomphez.... Ah ! prends garde, malheureux ! qui te dit que cette jeune fille, dont tu viens de rouvrir les yeux, ne portera pas le trouble dans ton propre cœur, que cette âme, qui allait s'envoler, ne s'inoculera pas à la tienne par une force invincible, ne t'obligera pas à quitter ton pays, ta position, ne te trainera pas, où bon lui semblera, comme une sorte de King's-Charles divertissant !.... Eh oui ! c'est notre lot à nous : tous les poisons de l'âme et du corps nous sont réservés, tout ce qui est contagieux, pestilentiel, nous convient !.... La beauté peut surprendre, entraîner, aveugler ; mais ici, rien de semblable : des membres grêles, une plante fragile qu'un coup de vent pouvait briser, rendue plus chère par sa fragilité même !... Comment cet être chétif s'est-il emparé de moi ?.... Quand, ravivée à mon souffle, cette belle, cette grande âme, fourvoyée dans ce petit corps, me parut si

reconnaissante, si aimante, si au-dessus de toutes celles que
j'avais connues jusqu'alors, je perdis la tête et tout fut dit...
En ce moment au moins un mariage était possible ; je pouvais
la démander, l'obtenir. Aujourd'hui qu'elle est devenue une
riche héritière, le puis-je? Ne me rirait-on pas au nez? ne
dirait-on pas que j'ai poursuivi jusqu'ici la dot d'une cliente?...
Et comment se produire, comment percer dans cette Baby-
lone où la célébrité, la réclame, ont seules le haut du pavé,
où plusieurs centaines de mes confrères meurent de faim?...
N'y songeons plus, repartons pour Limoges... Tous les jours
je redis cela, et dès que j'ai passé vingt-quatre heures sans
la voir, j'accours ici comme si la terre allait manquer à mes
pieds, et l'air respirable à mes poumons... Ah! folie humaine,
que j'espérais ne soigner que chez les autres, ne pourrai-je
donc te chasser de mon propre cerveau!...

SCÈNE X.

LÉOPOLD, le baron DE BEAUREGARD.

DE BEAUREGARD.

Madame de Saint-Remy?... Mais parbleu! je ne me trompe
pas, c'est bien le docteur Léopold, un ancien barbiste, un
condisciple? (Il lui serre la main.)

LÉOPOLD.

Aussi vrai que tu es le baron de Beauregard.

DE BEAUREGARD.

Cher ami, je te croyais à Limoges exerçant ta profession?

LÉOPOLD.

Je viens m'établir à Paris.

DE BEAUREGARD.

Bravo, docteur! il faut du courage pour entreprendre pareille lutte. Ce n'est qu'ici, en effet, que l'on peut prétendre à se faire un nom : le talent, le savoir, l'habileté et l'imposture s'y prêtent un impudent concours pour arriver à la renommée. Et quand cette menteuse divinité que vous encensez, et pour laquelle il n'est point de bassesses que n'accomplissent ses courtisans, vous a vendu tous ses échos, la vogue commence, le Pactole coule dans vos antichambres, on vous poursuit, on vous courtise : vous êtes le seul, le dernier oracle qui fasse encore pâlir le front altier des souverains... As-tu des amis dans la presse?

LÉOPOLD.

Aucun.

DE BEAUREGARD.

Tant pis ! c'est un point important; il faudrait que tous les jours on répétât : « Le docteur Léopold a rendu la vue aux » aveugles, le mouvement aux paralytiques, a ressuscité les » morts; le docteur Léopold a fait ceci, le docteur Léopold » a fait cela, le docteur Léopold et toujours le docteur Léo- » pold? » Répété de la sorte, un nom finit, un jour ou l'autre, par prendre racine; le public l'adopte sans trop savoir pourquoi; et, dès qu'on le prononce, chacun de répéter : « C'est » un nom connu. » De la part des journaux, cela n'étonne personne, et conduit sûrement à la célébrité... Du reste, tu es ancien interne des hôpitaux : tu dois avoir du mérite. Je parlerai de toi... Les salons sont aussi très-utiles aux jeunes médecins : il suffirait d'une ou deux grandes dames pour te mettre à la mode... Ne te décourage pas; ce sera probablement long : mais, avec un peu de patience et beaucoup de dextérité sur la grosse caisse, tu pourras, comme plusieurs de tes confrères, toucher au but ambitionné.

LÉOPOLD.

Mon but n'est pas celui que tu supposes, Beauregard : sans goût pour le charlatanisme et l'intrigue, je n'ai d'autre ambition que d'exercer honorablement ma profession.

DE BEAUREGARD.

Que diable viens-tu faire à Paris alors? pourquoi quitter le certain pour courir après l'introuvable?

LÉOPOLD.

J'ai mes raisons.

DE BEAUREGARD.

Et ces raisons?

LÉOPOLD.

Oh! mon Dieu, n'auraient pour toi qu'un médiocre intérêt...

DE BEAUREGARD.

Ils sont singuliers ces médecins! Mystérieux comme la tombe, qui heureusement pour eux ne dit jamais le nombre de leurs victimes, ils prodiguent encore moins leurs propres secrets que ceux d'autrui.

LÉOPOLD.

Je n'ai point de secret.

DE BEAUREGARD.

Si tu en as, garde-les, ne te gêne pas, cher docteur; je ne tiens pas plus à ceux des autres qu'aux miens propres, et, pour preuve, je vais t'en apprendre un que tout le monde ignore encore : Je me marie!

LÉOPOLD.

Reçois mes félicitations..... C'est juste, vous pouvez vous marier vous autres! Vous avez la fortune, un nom, un titre, c'est plus qu'il n'en faut pour que toutes les mères aient l'ambition de vous nommer leur gendre.

DE BEAUREGARD.

Eh oui! cher docteur, c'est la fin de la fin; mais qu'y faire?.... Quand on n'a eu ni le courage, ni la fatuité de se croire indispensable aux autres, et que, sans vocation déterminée, inutile au monde, à charge à soi-même, on s'est livré dix ans au courant d'une eau plus ou moins trouble, il faut bien accepter cette terrible punition de ses méfaits.... On est du reste aujourd'hui si vieux en touchant à la trentaine, qu'il est grand temps de prendre ses quartiers d'hiver.

LÉOPOLD.

Voilà des sentiments....

DE BEAUREGARD.

Que tu ne partages pas... En province, il est vrai, vous avez une langue à vous : appeler simplement les choses par leur nom vous paraît une énormité. Nous autres gens désabusés, blasés, usés, nous aimons la franchise : c'est le dernier fruit dont l'âpreté convient encore à notre goût émoussé, saturé de tout... Certes, on a eu vingt ans et ses illusions roses comme tout le monde : mais que ces primevères se sont vite fanées!... Qui pense à rester jeune au milieu des tentations de cet enfer que le vieux Dante a oublié de décrire? De rester sain entouré de la contagion? D'être pur parmi tant de souillures?... On est indépendant, sans ambition, il faut pourtant bien alimenter ses heures : les circonstances, les relations s'emparent de nous, le tourbillon passe et nous emporte. Oh! alors on ne s'appartient plus, les émotions se succèdent jusqu'à ce qu'on ne puisse plus en ressentir. Et l'on se retrouve plus tard, sans avoir rien accompli d'honnête et même d'avouable, las de tout le monde, surtout de soi-même, avec une âme et un corps de vieillard, et sur le point de s'enterrer sous les ruines qu'on a faites autour de soi, si on n'avait encore le lâche égoïsme de se marier, par lassitude et nécessité.

LÉOPOLD.

J'aime aussi la franchise, Beauregard; je ne te cacherai donc pas le pénible étonnement dans lequel me plongent tes paroles. Nous sommes, il est vrai, partis de lieux dissemblables : presque sans patrimoine, je n'avais pour mon compte qu'à songer au travail; je comprends que toi, dans ta brillante position, tu aies succombé aux entraînements de l'âge, des relations choisies sans discernement : ce sont là les périls de la fortune, l'oisiveté ne peut les braver impunément. Mais ne voit-on pas tous les jours des intelligences, et des meilleures, des plus élevées, se fourvoyer plus ou moins longtemps sur cette pente des plaisirs énervants qui ne laissent que dégoût, et revenir à un but digne d'elles, oublier, effacer le passé par le présent, se faire applaudir après avoir été méprisées, devenir l'honneur de leurs familles et l'appui des honnêtes gens? Voilà, je pense, Beauregard, la route qui convient à un homme qui, comme toi, compte d'honorables ancêtres? Quand tu auras rattrapé le temps perdu, pris tes degrés ailleurs que dans la débauche dorée, montré ce que tu vaux, je comprends que tu donnes alors ton nom à celle qui sera l'objet de tes préférences : mais que, jeune vieillard, usé, comme tu l'avoues, de corps et d'âme, tu ne portes en dot à une femme qu'indifférence et décrépitude, ce n'est pas là, permets-moi de te le dire, faire œuvre de gentilhomme.

DE BEAUREGARD.

Va toujours, va, docteur, ne crains pas de me blesser : l'insulte et la louange ont pour moi la même valeur..... Ton langage aurait pu m'impressionner autrefois : aujourd'hui, je le comprends moins que le sanscrit ou le chinois;

> Quand jusques au bourbier l'arbrisseau s'est penché,
> Si quelque vent propice aussitôt ne le dresse,
> C'en est fait, vers la fange il incline sans cesse.

Je ne veux me faire ni plus pervers, ni meilleur que je ne suis : ce que je sais, c'est que le pli est formé et qu'il n'est plus en mon pouvoir de l'effacer... J'ai dissipé ma jeunesse et ma fortune : l'une est perdue pour moi, quant à l'autre, je n'ai ni la force, ni les moyens de la refaire, et comme, avec mes habitudes, elle m'est indispensable, il est assez naturel que je profite de la dernière chance que m'offre un mariage avantageux.

LÉOPOLD.

Ce n'est plus de la franchise, Béauregard, c'est du cynisme. Quoi! tu ne peux suffire à tes prodigalités, tu n'as plus même de quoi pourvoir à tes premiers besoins, et c'est à une femme que tu vas tendre la main! Tu te dis franc et tu vas tromper une famille, flétrir un cœur vierge, voler une dot!... Mais il y a des gens au bagne qui sont moins coupables que toi!......

DE BEAUREGARD.

Grand crime, en effet, que d'épouser pour n'être pas réduit prochainement à travailler huit heures par jour dans un bureau, ou à élire domicile à Clichy! Je trompe si peu, que c'est l'homme qui me connaît le mieux qui vient de me jeter sa sœur à la tête. Rassure-toi donc, tendre philanthrope, vertueux docteur, et salue en moi le modèle des épouseurs! Je me range, c'est convenu; l'air des champs est nécessaire à mes poumons; voici venir un nouveau seigneur de village! Je me livre à ma châtelaine; que peux-tu désirer de plus?

LÉOPOLD.

Je désirerais de plus un homme de cœur, digne du nom que tu portes, capable de sentir une bassesse, incapable de commettre une lâcheté!..... Quand on a les aboutissants, les amis dont tu disposes, on doit tenter le sort avant de se déclarer impuissant, et dans tous les cas on a assez de fierté, de probité pour ne pas accepter d'une femme qui nous est indifférente, et qui hier encore nous était inconnue, la charité du pain quotidien : on travaille afin de donner au lieu de recevoir, et pour peu qu'on tienne au noble titre d'honnête homme, on ne tombe pas à cette déchéance de cacher un mendiant sous le manteau d'un prétendant qui, à défaut d'amour, épouse par nécessité!

DE BEAUREGARD.

Des mots, des mots... Je te renvoie au grand Shakespeare... Les choses n'ont de valeur que celle qu'on leur prête : ce qui te paraît crime, ailleurs serait vertu. Est-ce que l'égoïsme n'est pas le premier cri de l'âme? Où trouveras-tu un être, quel qu'il soit, qui n'ait pas l'instinct de la conservation? — Le Normand vanterait ma prudence; toi, en Limousin frondeur, tu repousses ma méthode, en ce qui me concerne, sauf à t'en servir pour ton propre compte si ton maître, Esculape, te laissait longtemps les mains vides... Oui, docteur, comme le disaient les boulangères de Rome, nous sommes tous de la même farine; seulement, c'est à qui fera croire qu'il est d'une qualité supérieure.:... Certes, je pourrais, comme tant d'autres, me lancer dans les affaires ou la politique : je n'aurais qu'à vanter mon habileté, qu'à promettre des merveilles pour pouvoir impunément mettre les mains dans la bourse d'autrui; je pourrais aussi arborer un drapeau, conspirer pour un prétendant, me dire l'ami, le défenseur du peuple, attaquer le pouvoir établi pour plaire aux badauds, aux intrigants, et ne croyant à rien, méprisant les autres et moi-même, me targuer de toutes les vertus de Caton, m'élever un pavois sur les épaules des imbéciles et des mécontents! Non, docteur, cette folie n'est pas la mienne : je laisse aux vaniteux ce peu de bruit qu'ils décorent du nom de gloire, cette fumée brillante qui récompensent leurs labeurs. J'ai la modestie de ne pas me croire indispensable au genre humain, de priser peu mon temps : mais je tiens fort à en disposer à ma guise. Voilà pourquoi, ô docte ami! je t'invite, en raison de tes bons conseils, à mon prochain repas de noce.

SCÈNE XI.

LES MÊMES, HÉLÈNE.

HÉLÈNE.

Excusez, Messieurs, une maîtresse de maison obligée de sacrifier les derniers venus aux premiers.

DE BEAUREGARD.

Rien n'est plus naturel.

LÉOPOLD.

Votre indisposition...

HÉLÈNE.

Complétement dissipée, docteur.... Ces migraines incompréhensibles me viennent je ne sais pourquoi et s'en vont je ne sais comment... (Elle porte la main au front.) Rien, plus rien... C'est un mauvais tour que M. de Saint-Rémy vous a joué là... Prendrez-vous du thé, docteur?

LÉOPOLD.

Mille grâces, Madame, je suis attendu à l'autre bout de Paris.

DE BEAUREGARD.

Déjà les exigences de la clientèle se font sentir : c'est bon signe, courage, mon ami.

LÉOPOLD.

Je suis ravi, Madame, que la santé chasse le médecin.

HÉLÈNE.

Oh ! je proteste ; c'est le médecin qui se chasse lui-même. *(Elle veut l'accompagner.)*

LÉOPOLD.

Restez, Madame, je ne souffrirais pas..... Adieu, Beauregard,

DE BEAUREGARD.

A bientôt...

SCÈNE XII.

DE BEAUREGARD, HÉLÈNE.

DE BEAUREGARD.

Épargnez-moi, Hélène, on croirait que vos yeux vont me lancer la foudre ?

HÉLÈNE.

J'espérais, Monsieur, être enfin délivrée de votre tyrannie.

DE BEAUREGARD.

Tyrannie ?...

HÉLÈNE.

Oui, Monsieur, la tyrannie la plus lourde, la plus cruelle !... hélas ! tristement justifiée par la plus irréparable des fautes !... Ah ! si j'avais pu prévoir l'avenir, quand, jeune imprudente, je me laissai prendre dans cette trame de soie et d'infamie que vous aviez tendue pour me perdre, je ne serais pas réduite à l'abjection où je suis tombée !

DE BEAUREGARD.

Hélène, ma belle Hélène, calmons-nous, je vous en prie.
— Vous aurez lu aujourd'hui quelque moraliste de mauvaise
humeur... Seriez-vous contrariée de n'être pas allée au dîner
du marquis?

HÉLÈNE.

Eh! Monsieur, je n'y tenais pas à ce dîner : mais cette
volonté qui me réduit à l'état d'automate, qui s'impose, com-
mande à la place d'une autre plus légitime, dont il m'est défendu d'enfreindre les ordres et qui me contraint ici de porter
un masque, de tromper tout le monde, à commencer par le
plus loyal des hommes, me révolte enfin, et me fait désirer
d'y mettre un terme.

DE BEAUREGARD.

A vos ordres, ma belle...

HÉLÈNE.

Ah! vous ne m'avez jamais aimée !... Ma faute n'a pas même
cette coupable excuse... Souvenez-vous de cette noble confiance
d'un ami qui me livra à vos honteuses manœuvres. Ce fut
d'abord le jeu : j'acceptai de vos mains, comme un gain légitime, des sommes qui n'étaient qu'un piége, car bientôt
j'éprouvai des chances contraires : je ne pus me résigner à
les faire connaître à mon juge, à le mettre dans la gêne; et
je pris envers vous, qui vous étiez déclaré mon guide, des
engagements qui me perdirent...

DE BEAUREGARD.

Vous êtes injuste, Hélène. N'avez-vous pas toujours con-
servé votre libre arbitre?

HÉLÈNE.

Oh! il eût mieux valu porter la gêne et la misère dans mon

intérieur que de ternir un nom si dignement porté par d'autres! Ah! si vous aviez été là, il y a un instant, sous les yeux de cette mère dont les regards scrutateurs semblaient lire ma faute dans les replis de ma conscience, peut-être vous aussi, eussiez-vous, comme moi, senti le feu de la honte vous monter au front?

DE BEAUREGARD.

Si cet agréable épanchement peut vous délivrer de vos migraines, je ne demande pas mieux que d'en supporter les averses : vous m'avez, de vieille date, habitué aux papillons de toutes couleurs; une nuée de plus ou de moins ne m'effraie pas. Mais croyez-moi, Hélène, laissons-là les mots retentissants : c'est une dépense inutile. Notre histoire est celle de bien des gens. Quoi de moins rare qu'un fonctionnaire ambitieux? L'employé veut devenir sous-chef, peut-être même chef de bureau, et pour s'emparer de ce lambeau d'autorité, il se livre, du matin au soir, aux travaux les plus fastidieux, tandis que sa femme, jeune, belle, aimante, se morfond seule au logis. Qu'arrive-t-il? l'Ève abandonnée écoute le premier serpent qui se présente et cueille le fruit défendu... Sommes-nous donc sans excuse, ma belle Hélène? le charme qui nous poussa l'un vers l'autre ne fut-il pas irrésistible?

HÉLÈNE.

Non, vous mentez, vous ne m'avez jamais aimée?.... Pauvre insensée! j'oubliai le sentiment le plus tendre, le plus profond, pour me livrer au plus frivole, au plus coupable! je me laissai fasciner par un mauvais génie qui, à la place du bonheur du foyer et du devoir accompli, me montrait le luxe, les relations élégantes comme la suprême félicité. Je l'entends encore ce mauvais génie, que vous connaissez, poursuivre de ses railleries l'ami qui me confiait à sa loyauté, se moquer agréablement de l'existence étroite des employés, comme si la paresse, l'inutilité pouvaient se comparer au travail fécond, aux nobles efforts des gens de cœur!... Oui, j'eus le malheur de vous croire... je vous aimai... Et depuis, pas un jour, pas un instant ne s'est écoulé sans m'apporter sa goutte de fiel, sans me plonger plus profondément dans cette fange d'abjection!... Dieu m'avait donné le mari le plus généreux, le plus digne d'être aimé, et je l'ai trompé, trahi! Le mensonge m'était étranger, et c'est la vérité maintenant qui m'est étrangère! Les transes, les frayeurs, remplissent mes jours, et me poursuivent jusque dans mon sommeil : il me faut presser des mains qui me brûlent, sourire, montrer un front calme quand il me semble que tout le monde y lit ma souillure!.... Mais cet opprobre n'est pas la seule faveur que je vous doive : mes parures, ces meubles, tout ici est à vous, Monsieur; ces prétendus bénéfices que je croyais faire dans votre jeu, n'étaient que le salaire dont vous gratifiez vos maîtresses...

DE BEAUREGARD

Hélène....

HÉLÈNE.

Eh oui! Monsieur, vous m'avez payée comme on paie ces pauvres filles qu'on meuble, qu'on entretient, ainsi que des chevaux de luxe, par ostentation ou passe-temps..... Et j'ai tout subi, tout accepté, l'esclavage, la duplicité, le prix de ma honte... Oh! depuis que j'ai pu me voir telle que je suis au contact de l'honnête famille qui m'environne, je ne sais comment je n'ai pas encore succombé sous le poids de ma honte !

DE BEAUREGARD.

Décidément....

HÉLÈNE.

Laissez, Monsieur, laissez déborder une dernière fois cette indignation qui m'étouffe. Ah! si je n'avais craint de déchirer pour toujours le cœur vaillant que j'ai trompé, que de fois déjà ne me serais-je pas livrée à sa justice…. Le courage m'a manqué; mais ne l'ignorez pas, Monsieur, fallût-il en venir là et rendre ma honte publique, je le préférerais à vous prêter mon concours pour un mariage qui n'aura pas lieu.

DE BEAUREGARD.
….. Lucrèce, épouse sainte !
Écoutez mon excuse, et pardonnez ma feinte.

Peste! ma belle amie, comme vous y allez? Au lieu d'Hélène, on croirait entendre la chaste Romaine, la Lucrèce indignée de Monsieur Ponsard : savez-vous que ces tirades-là auraient du succès au théâtre. Mais puisque personne ne nous écoute, parlons pour nous-mêmes et soyons un peu plus logiques si c'est possible. Nous ne nous entretenons plus que du sanctuaire conjugal, du respect dû aux dieux lares; nous maudissons les liens frivoles, irréguliers, bref, nous sommes l'un et l'autre convertis à la monotonie du tête à tête. Sympathie étrange entre nous, quoi que vous en disiez : nous voir et nous aimer fut tout un, comme Juliette et Roméo; aujourd'hui que les scrupules vous arrivent, je pense moi-même que la pénurie des espèces est chose humiliante, et qu'une dot assez ronde n'est pas du tout à dédaigner. Ces considérations, et plusieurs autres qu'il est inutile d'énumérer, me portent à nager dans vos eaux, à vous délivrer de mon affreuse tyrannie, et quand je vous demande, non pas votre concours, mais votre neutralité pour un mariage que mon oncle, auquel Martial doit son avancement, vient d'arrêter, vous me menacez de tout briser?

HÉLÈNE.

Oui, Monsieur, c'est mon devoir et je ne l'oublierai pas!
Quoi! seule je sais qui vous êtes, car vous avez su tromper
tout le monde ici, seule je connais la valeur de vos sentiments, et je vous livrerais cette enfant, je tremperais les mains
dans cette nouvelle infamie, ce nouveau crime? Non, Monsieur, ne l'espérez pas!

DE BEAUREGARD.

Que vous êtes injuste, Hélène! dispensez-moi de cette indignation de fantaisie. Il n'y a aucune infamie à accepter un
mariage qui m'a été offert. Au lieu de louer une conversion,
un peu forcée, il faut le dire, vous me reprochez le passé, qui
devrait être mon meilleur titre auprès de vous? J'en conviens,
à la blême ambition, j'ai préféré le dieu riant du plaisir :
jeune, j'ai aimé la jeunesse et la beauté, ma vie s'est écoulée
sans entrave, j'ai ressenti toutes les fièvres, tous les délires.
Ces délires, ne les as-tu pas partagés toi-même, mon Hélène, ô la plus ravissante des créatures! N'as tu pas connu
les amours brûlantes, savouré mes joies, éprouvé mes craintes?
n'étais-tu pas, n'es-tu pas toujours la reine de mes...

HÉLÈNE.

Vous mentez!...

DE BEAUREGARD.

J'en appelle à ton propre cœur?... Mais quelle rose ne se
fane? quel nectar est exempt de lie? L'heure fatale devait
aussi sonner pour moi : l'astre nébuleux du mariage l'emporte sur toi, ô belle étoile de Vénus! Je me résigne donc,
j'accepte cette chute; mais pour Dieu! ma chère complice,
quittons-nous sans fiel, faisons alliance? Le passé, quelque
détestable qu'il nous paraisse, nous rend solidaires dans l'a-
venir.

HÉLÈNE.

Et je la repousse, moi, Monsieur, cette honteuse solidarité!
Vous me placez au contraire dans la nécessité d'éclairer la
famille de mon mari. Me croyez-vous assez avilie pour faillir
à cette obligation? Cette faute, dont je voudrais effacer jusqu'au souvenir, m'a-t-elle pour toujours rendue votre esclave?
Les héritières ne manquent pas : allez ailleurs, Monsieur,
vous emparer d'une dot; mais après avoir flétri la femme de
votre ami, ne comblez pas la mesure en dépouillant sa sœur...
Quant à votre amour pour moi, je sais à quoi m'en tenir : le
nombre de vos maîtresses m'a depuis longtemps appris le cas
qu'il faut en faire. Que ces liens maudits soient donc à jamais
brisés! que je n'aie plus à en rougir en votre présence! C'est
là, Monsieur, la dernière prière que j'ai voulu vous adresser.

DE BEAUREGARD.

Vous parlez d'or, ma belle : mais vous parlez inutilement.
Certes, le baron de Beauregard n'est pas le premier venu, et
s'il voulait descendre jusqu'à un certain monde, il pourrait
s'établir plus richement; mais la famille de Saint-Rémy me
convient, la dot est suffisante pour un campagnard : je m'en
tiendrai là, que cela vous plaise ou non. La menace, à l'a-
dresse d'une femme, convient peu dans la bouche d'un gentilhomme; aussi ne fais-je appel qu'à votre raison, qu'à vos
plus chers intérêts. Si cela ne suffisait pas, j'aurais le regret
de remettre, à mains propres, au mari le plus aimé, ces (Il
montre un paquet) lettres que j'ai choisies parmi les plus incen-
diaires de votre correspondance. Cette détermination, qui serait répréhensible si elle n'était nécessaire, m'est un sûr ga-
rant que la nuit vous portera conseil, ô belle Hélène! et que
le jour trouvera en vous mon champion le plus résolu... Sur
ce (Il prend son chapeau), puissent les furies vous dispenser de

leurs vipères, et le cupidon conjugal (*Il salue profondément*) vous enguirlander de ses fleurs.

HÉLÈNE.

Misérable!...

FIN DU PREMIER ACTE.

ACTE DEUXIÈME.

Même décoration.

SCÈNE PREMIÈRE.
MARTIAL, Mme DE SAINT-RÉMY.

Mme DE SAINT-RÉMY.

Ce parti nous convient et nous flatte. Je sais combien la famille de ton ami est honorable, combien elle nous a rendu de services. Il ne reste pour moi qu'un point à éclaircir : un héritage considérable a été divisé entre M. de Beauregard et ses deux sœurs. Aujourd'hui, ton ami déclare qu'il ne lui reste plus qu'une faible partie de ce qui lui était primitivement échu. A-t-il éprouvé des pertes? Comment a disparu cette fortune? Ce n'est pas la question d'argent qui nous arrêtera : le baron désirant se retirer à la campagne, les propriétés de Clémence leur suffiront grandement ; mais les goûts changent ; un dissipateur, devenu raisonnable, peut redevenir dissipateur. Or, il n'y aurait pas là de garantie suffisante pour l'établissement de ta sœur...

MARTIAL.

Que vos craintes sont peu justifiées! Je connais Beauregard mieux que moi-même : notre intimité date du collége ; j'ai toujours été son Pylade, son *alter ego*. Depuis mon mariage, il vient ici comme chez lui ; nous sommes en des termes où l'on n'a plus rien de caché l'un pour l'autre. Aussi sais-je mon Beauregard par cœur, mieux que vous l'*Ave Maria*. D'autres surfont leur fortune ; lui, doit diminuer la sienne :

c'est un vrai caractère de gentilhomme, exagérant toutes les délicatesses, prenant toujours le contre-pied du vulgaire. Il eût pu se prétendre riche, nous n'aurions pas contrôlé ses assertions; il a préféré se donner pour un homme à demi ruiné. N'en croyez rien... Quant à ses anciens goûts de dissipation qui vous effraient, vous les rencontrerez chez la plupart des jeunes gens placés dans les conditions où s'est trouvé Beauregard. On est maître d'une fortune qui semble ne devoir jamais finir; jeune, généreux, on aime les arts, les belles choses : le luxe, les voyages, les prodigalités entament notre héritage. Ne cherchons pas pour le baron une autre explication. Mais lui, au moins, sait s'arrêter à temps : le voici, comme un sage, revenu de toutes les folies de jeunesse, prêt à aller cultiver ses champs. Où voulez-vous trouver des garanties plus sûres? Est-ce qu'on revient à ce qu'on quitte avec dégoût? Je redouterais plutôt un provincial ignorant certains plaisirs de la vie parisienne, car l'idée pourrait lui venir de vouloir plus tard les connaître. Le baron de Beauregard ne doit vous laisser aucun doute, aucune arrière-pensée, soit pour le passé, soit pour l'avenir : la femme qui s'appuiera sur son bras loyal, ne saurait faire un meilleur choix. Du reste, il pourra avoir plus tard une grande fortune : ses sœurs sont encore sans enfants.

Mme DE SAINT-RÉMY.

Ainsi, ses mœurs, ses dépenses n'ont rien...

SCÈNE II.

LES MÊMES, HÉLÈNE.

MARTIAL.

Tenez, voici un avocat plus éloquent que moi, et mieux à

même de vous convaincre, car Beauregard est son chevalier
le plus assidu... Hélène, je suis là à soutenir que le baron est
le plus brave, le plus loyal, le plus généreux des hommes.
Êtes-vous de mon avis, oui ou non?

HÉLÈNE.

Mais... mais... mon ami... oui.

MARTIAL.

Qu'il est incapable de tromper personne?

HÉLÈNE, à part.

Oh! oh!... Et ne pouvoir parler!... (Haut.) En effet.

MARTIAL.

Qu'on ne peut donner à Clémence un meilleur mari?

HÉLÈNE.

C'est... c'est votre avis.

MARTIAL.

Vous l'entendez? Hélène vous répondra de Beauregard
comme moi-même.

Mme DE SAINT-RÉMY.

Cela suffit, mes enfants. Du moment que vous vous décla-
rez les garants du baron, et qu'on n'a à lui reprocher que des
légèretés de jeunesse, je n'ai plus aucune objection à faire.

SCÈNE III.

Les mêmes, CLÉMENCE.

Mme DE SAINT-RÉMY.

C'est de toi, petite amie, que nous nous occupons. Il se
confirme qu'un meilleur choix n'est pas possible, et que nous
possédons bien cette fois le phénix inespéré des prétendants.

CLÉMENCE.

Depuis qu'il est question de ce mariage, je n'entends, autour de moi, qu'un concert de louanges : c'est vraiment conspirer contre ma liberté. — Puisque vous le voulez, **mère chérie**, je m'incline respectueusement.... Monsieur de Beauregard est, dites-vous, un parfait gentilhomme; il consent à vivre à la campagne, ce qui m'arrange fort, et si je n'ai aucun entraînement pour ce mariage, je ne me sens pas le courage de contrarier tout le monde en le repoussant. — Seulement, expliquez-moi pourquoi, n'ayant été recherchée par personne avant la mort de ma marraine, plus de vingt partis m'ont fait l'honneur de me poursuivre depuis dix mois? pourquoi on me recherche, moi qui suis quasi laide, quand personne n'a l'air de se soucier d'Eva, qui est d'une incomparable beauté?... C'est vraiment désolant de ne pouvoir se débarrasser de ce détestable héritage!... je saurais bien alors à qui de nous deux on en veut, de lui ou de moi!

MARTIAL.

Oh! pour cela, on ne peut concevoir le moindre doute; il est impossible de supposer une pensée vénale au baron : un pareil soupçon est si en dehors de son caractère, qu'il n'est pas un de ceux qui le connaissent qui ne protestât comme moi.

Mme DE SAINT-REMY.

Évidemment.

CLÉMENCE.

Je veux bien le croire; mais...

MARTIAL.

Comment, Hélène, tu laisses formuler de pareilles accusations sans les relever? — A quoi donc aura servi à Beauregard d'obéir à tes ordres comme un autre moi-même, de subir tes caprices, d'être la victime au piano, à la danse, si aujourd'hui on peut impunément, devant toi, aller jusqu'à douter de sa loyauté?

HÉLÈNE, comme accablée.

Que me dis-tu là... Certainement... mon ami... Tu prends toi-même si chaudement le parti du baron... Clémence a un si grand intérêt dans la question...

Mme DE SAINT-RÉMY.

Dites toute votre pensée, Hélène? Auriez-vous entendu formuler quelque grief contre le baron?

HÉLÈNE.

Moi?... rien... je n'ai rien entendu...

MARTIAL.

Il serait plaisant de calomnier notre meilleur ami.

CLÉMENCE, à part.

Qu'a donc Hélène?

Mme DE SAINT-RÉMY.

Puisque Martial et Hélène sont certains que le caractère du baron est au-dessus de la question d'intérêt (à Clémence), tu ne peux avoir aucune appréhension de ce côté-là. Tu te plains d'être recherchée trop souvent, tandis qu'on semble oublier Eva. N'as-tu pas ton droit d'aînesse? Est-il d'usage de demander la plus jeune quand l'aînée est encore là? Vous avez vingt ans, Mademoiselle, on peut à cet âge être l'arbitre de sa destinée; nous te devons nos conseils : mais tu te dois à toi-même de choisir librement.

CLÉMENCE.

Mon meilleur choix serait de n'en point faire... Le puis-je quand tout le monde se ligue contre moi? C'est Martial qui me donne son meilleur ami; c'est Eva qui ne peut s'établir qu'après mon départ; c'est Hélène, c'est vous-même qui dé-

sirez ce mariage : que voulez-vous que je fasse contre tous?...
Monsieur de Beauregard est sans aucun doute fort élégant,
fort distingué, infiniment mieux que les partis qui m'ont été
offerts ; je n'éprouve pour lui aucune répulsion : mais se marie-
t-on ainsi? Cette chaîne éternelle doit-elle commencer par
l'indifférence?.... C'est juste, après tout, quelle passion, quel
entraînement peut-on éprouver pour une femme comme
moi?...... Laissons à de plus belles le pouvoir de charmer et
d'être aimées, à d'autres le soleil, à moi la glace sous la forme
d'un galant homme que je ne puis repousser sans vous offenser
tous.

Mme DE SAINT-RÉMY.

Cette crainte ne doit pas t'arrêter : aucune considération
secondaire ne peut te contraindre à cette grave détermination.
Martial et Hélène comprendront tes motifs...

HÉLÈNE.

Oh! certainement!

Mme DE SAINT-RÉMY.

Aucun motif, quel qu'il soit, ne saurait être mis en balance
avec toi-même : tu n'as qu'à dire un mot pour qu'il ne soit
plus question de ce mariage.

CLÉMENCE.

Est-ce qu'un autre m'aimerait davantage? -- Celui-ci vous
convient : je l'accepte.

MARTIAL.

Et tu fais sagement. Que parles-tu d'indifférence, de mariage à la glace? Le baron est fort épris de toi...

CLÉMENCE.

J'y crois peu.

MARTIAL.

Il n'y a que toi ici qui te supposes une prétendue laideur
que personne ne reconnaît. Ce qu'on est convenu de nommer

beauté n'est pas ce qui charme le plus : l'esprit, la grâce, l'élévation des sentiments, sont des auxiliaires tout aussi redoutables dont vous savez, Mesdames, admirablement vous servir à notre endroit. Tu ne peux douter de la vive impression que tu as faite sur notre ami. Pendant la première jeunesse, les yeux sont facilement éblouis ; plus tard, on recherche des qualités sérieuses : sous ce rapport, petite sœur, vous ne laissez rien à désirer ni l'un ni l'autre.

CLÉMENCE.

Les éloges prodigués au baron vont m'arriver par ricochet ; c'est inutile puisque j'ai dit le *oui* fatal, puisque j'accepte ton phénix. — Es-tu content ?

MARTIAL.

Enchanté pour toi et pour tout le monde !

Mme DE SAINT-RÉMY, à Martial.

Tu vas m'accompagner chez Emilie : je ne veux pas qu'elle apprenne ce mariage d'une autre bouche que la mienne.

MARTIAL.

Je suis à vos ordres.

Mme DE SAINT-RÉMY, elle embrasse Hélène et Clémence.

A bientôt.

<h2 style="text-align:center">SCÈNE IV.</h2>

HÉLÈNE, CLÉMENCE.

CLÉMENCE.

C'est donc fini, fini !... Pas moyen de renvoyer ce maudit baron d'où il est venu ?..... Oh ! il est pourtant bien triste de clore ainsi sa vie de jeune fille !..... Vous aimiez, vous étiez aimée de mon frère, vous, chère Hélène ; vous êtes si belle, cela se comprend..... Mais n'est-ce pas folie à moi de m'être mis en tête de tels rêves?.... Autrefois, mes petites amies de pension me fuyaient parce qu'elles me trouvaient laide : j'étais pour tout le monde comme une sorte de rebut, de souffre-douleur; je ne me plaignais point; mais, quoiqu'enfant, que de larmes intérieures n'ai-je pas versées!..... C'est de cette époque que date ma maladie de cœur. Revenue à la maison, j'aurais succombé sans mère et les soins du docteur Léopold. A partir de là, tout m'a souri : santé, fortune, fin de nos embarras de famille; c'était à se croire trop heureuse si cet élégant baron n'était venu me donner fort à réfléchir..... Au moins vous, Hélène, vous n'avez pu attribuer qu'à vous-même les recherches dont vous avez été l'objet, vous avez senti un cœur battre à l'unisson du vôtre, et avez réalisé, dans un jour de joie suprême, la plus douce des espérances. Au lieu que moi, malgré toutes les affirmations, toutes les probabi-lités, je ne puis m'empêcher de jeter sur ma nouvelle for-tune un regard de doute et d'appréhension. .. O beauté! don divin, que ne suis-je éclairée du moindre de tes rayons!..... Oui, si j'étais comme vous, Hélène, on m'eût aimée aussi, un nouveau monde m'eût été révélé : alors plus de crainte, plus de doute... Mais n'y songeons plus, ces ravissements cé-lestes sont pour d'autres!...

HÉLÈNE.

Ah! ne l'enviez pas trop, cette beauté fragile : Dieu vous garde d'en porter le funeste fardeau!..... Elle charme, il est vrai, elle sourit aux yeux : dès qu'elle se montre on l'entoure, en l'encense, les regards s'attachent à elle, comme s'ils crai-gnaient, en la quittant, de ne rencontrer que ténèbres; mais elle devient bientôt le but d'incroyables attaques et des plus lâches entreprises : si sa vigilance sommeille, si elle écoute un seul instant la séduction, malheur à elle! Ce don que vous appelez divin, et qui faisait l'admiration universelle, ne sera plus qu'une flétrissure! souillée, abreuvée de honte, elle maudira ses charmes qui n'auront été pour elle qu'une source d'opprobre et de perdition...

CLÉMENCE.

Ce n'est là qu'une rare exception.

HÉLÈNE.

Peut-être, hélas! plus commune que vous ne pensez... Du reste, quel cas faire de sentiments qui ne reposent que sur des avantages si passagers? Combien, à ce compte-là, sont aimées la veille qui ne le seraient plus le lendemain. Mais la beauté voilée qui se cache dans les replis de l'âme comme la perle inestimable au fond des mers, qui, sans exciter la convoitise, enchante ceux qui l'entourent, et s'en fait chérir éternellement, cette beauté-là, Clémence, c'est la vôtre. Oh! croyez-moi, elle est préférable à toute autre.

CLÉMENCE.

On ne peut mieux consoler les gens d'être laids; c'est bel et bon à dire par une jolie bouche comme la vôtre, qni ne saurait désirer ce qu'elle possède... Si la beauté est un fardeau aussi lourd que vous le dites, convenez au moins que celui de la laideur n'est pas aussi agréable à porter?....

HÉLÈNE.

Ah! si vous pouviez savoir...

CLÉMENCE.

Je sais, Hélène, que tout à l'heure vous sembliez affirmer avec contrainte les éloges que Martial prodiguait au baron. Votre chevalier aurait-il commis quelque méfait contre sa dame? Connaîtriez-vous un grief qu'on pût reprocher à M. de Beauregard? Oh! parlez, Hélène, dites-moi tout ce que vous savez? S'il existe le moindre motif, une raison, si peu soutenable qu'elle soit, de rompre ce mariage, je vous en bénirai éternellement?

HÉLÈNE, à part.

Oh! s'il ne fallait que ma vie pour parler!... (Haut.) Je n'ai rien à dire... à reprocher à M. de Beauregard,.. Le mariage est chose si importante... on ne saurait trop avoir de réserve, de retenue...

CLÉMENCE.

Ah!... c'est de la réserve?... il n'y a rien de plus?

HÉLÈNE.

Rien.

CLÉMENCE.

Rien contre ce satané baron!... Vous verrez qu'il n'y aura pas moyen de s'en dédire et qu'il faudra devenir baronne malgré soi.

HÉLÈNE.

N'êtes-vous pas libre?

CLÉMENCE.

Non, je ne le suis plus.... Je ne veux pas d'une liberté qui conduirait ici la discorde... Franchement, ma bonne Hélène, pensez-vous que les beaux discours de ce monsieur ne s'adressent pas uniquement à ma dot?

HÉLÈNE, à part.

Suis-je assez punie!... (Haut.) Il faut bien le croire.

CLÉMENCE.

Et cet amour inopiné des champs chez un dandy du meilleur monde, qui n'a jamais quitté Paris, est-il aussi bien sincère?... Est-ce que le baron ne sera pas bientôt las de cette existence monotone?

HÉLÈNE.

Puis-je le savoir.

CLÉMENCE, comme se parlant à elle-même.

Le bonheur est pourtant là : deux cœurs assortis, l'indépendance de la fortune, une famille à soi.... Faut-il encore qu'il n'y ait pas ennui ou désertion de l'un des deux..... Le baron s'ennuiera....

SCÈNE V.

LES MÊMES, ÉVA.

ÉVA, qui a entendu les dernières paroles.

Le baron chassera.

HÉLÈNE, à part.

Dieu soit loué! je n'y tenais plus....

CLÉMENCE.

C'est toi, ma belle, qui écoutes aux portes?

ÉVA.

Oui, Madame la baronne, j'écoute tout ce qui peut intéresser ton bonheur, qui est aussi un peu le mien. Je viens d'en apprendre de belles sur le compte de ton prétendant. M. Philippe Fesneau, qui le connaît parfaitement, sort de chez mère : il n'est pas de bien qu'il n'en ait dit.

CLÉMENCE.

Je n'entends plus que cela.... c'est fatigant!

ÉVA.

Comme pour l'Athénien d'entendre toujours appeler juste celui qui l'est en effet. Plains-toi, je t'y engage, d'être choisie entre toutes par un gentilhomme qui parle comme un savant et se conduit comme un héros.

HÉLÈNE.

Héros?...

CLÉMENCE.

C'est bien héros qu'elle a dit..... Encore huit jours, et le baron passera à l'état de dieu.

ÉVA.

Rien n'est plus sérieux, je vous assure. Du reste, voici le fait. Le baron, étant aux Sables d'Olonne l'été dernier, se fit conduire en mer avec deux de ses amis. Le temps, favorable d'abord à cette promenade nautique, devint tout-à-coup menaçant; bref (je vous fais grâce de la description d'une épouvantable tempête), la barque de ces messieurs chavira. Excepté le baron, aucun d'eux, pas même le pêcheur qui les conduisait, ne savait nager. La rive était peu éloignée, mais les rochers et l'état de la mer en rendaient l'abord extrêmement dangereux : beaucoup de gens n'auraient songé qu'à se tirer de ce mauvais pas pour leur propre compte. Le héros en question ne fut pas de cet avis : non-seulement il réussit, par des efforts surhumains, à sauver ses deux amis; mais, quoiqu'à bout de forces, près de succomber lui-même, il eut assez de courage pour revenir au secours de leur malheureux conducteur qui se tenait cramponné à la barque, et qui allait périr quand arriva son libérateur.

CLÉMENCE.

Oh! s'il a fait cela, c'est beau! c'est digne d'un noble cœur!

ÉVA.

Il fallait entendre les bénédictions de la famille du pêcheur, de tous les braves gens, réunis en quelques instants, qui firent cortége au baron jusqu'à son hôtel.

CLÉMENCE.

Vous ne pouvez ignorer ce fait, Hélène?

HÉLÈNE.

C'est la première fois que j'en entends parler.

CLÉMENCE.

Accomplir de tels actes et les cacher, c'est doublement beau.

Décidément, ces histoires-là finiront par me faire passer à l'ennemi.

HÉLÈNE, à part, en sortant par une des portes latérales, tandis qu'Achille entre par celle du fond.

Que d'impostures!... et ne pouvoir les démentir!...

SCÈNE VI.

ACHILLE, CLÉMENCE, ÉVA.

ACHILLE, il tient une Revue.

Par Guttemberg, mes belles, nous triomphons!..... C'est moi, tout à fait moi... (Il indique l'article.) Là, voyez vous-mêmes, mon nom s'épanouit en gros caractères et se révèle pour la première fois au monde entier! M'y voilà donc, dans cette inabordable Revue!... Ne sentez-vous pas ce doux parfum de l'impression? Cela enivre comme l'odeur de la poudre : c'est que la gloire, et la meilleure encore, celle qui féconde, est aussi là !

ÉVA.

C'est vrai, c'est bien son nom !

CLÉMENCE.

Quel bonheur !

ACHILLE.

Oh! ça n'a pas été long. L'équipage, les laquais, le titre de ma marraine, ont produit un effet merveilleux. Le Jupiter tonnant, qui m'avait foudroyé d'un regard, s'inclina jusqu'aux pieds de la grande dame, et reçut comme un bienfait le même manuscrit qu'il n'avait pas daigné ouvrir!..... « Le talent est peu de chose, jeune homme, me dit-il, quelques jours plus tard, dans la rue; mais avec de telles relations on ne peut manquer d'aller loin. » Certes, je le vois bien à votre empressement, ô le plus vaniteux des directeurs! c'est la duchesse que vous éditez.

CLEMENCE.

Qu'importe, pourvu que le monde te lise et t'apprécie?

ACHILLE.

Le monde n'aurait pas peu à faire s'il devait se souvenir de tous ceux qui tiennent plus ou moins bien une plume. Connu aujourd'hui, oublié demain, c'est là le sort qui m'est réservé comme à tant d'autres. Mais on n'en éprouve pas moins une joie sacrée à se mettre en communication avec ses semblables par la pensée, à leur offrir, comme une partie de soi-même, un labeur longtemps médité. Ah! ce n'est pas là un jeu d'enfant, mes belles, ce sillon est rude, parfois cruel : mais n'est-on pas assez payé s'il parvient à conserver un germe qui, plus tard, donne sa moisson?

CLEMENCE.

J'espère que tu vas enfin nous faire le plaisir d'envoyer aujourd'hui même ta démission à l'Administration.

ACHILLE.

Dieu m'en garde! je tiens plus que jamais à mon emploi. A d'autres les hasards et les triomphes : mon ambition est plus bornée. Je suis maintenant habitué à ma chaîne; elle est mon gagne-pain; pourquoi ne pas la conserver? Après ce travail utile, qui ne me prend que quelques heures, je reviens plus courageusement à mes livres : c'est là mon luxe, ma richesse, à moi; je n'en désire point une autre. Loin d'envier les plaisirs bruyants, là-haut, dans mon petit cabinet obscur, je suis toujours sûr de retrouver, sous forme de bouquins, d'inappréciables trésors : je n'ai qu'à les ouvrir et aussitôt tout s'illumine, les mondes visibles et imaginaires resplendissent, mille voix puissantes, mélodieuses, se font entendre, les grandes âmes du passé et du présent voltigent autour de moi, il n'est ni temples ni palais qui puissent alors le disputer à la mansarde. O Muse, fille des Grecs, qui daignes parfois visiter cet humble réduit, accorde-moi tes fleurs les plus suaves pour cette jeune fiancée!

CLÉMENCE.

Hélas! oui, fiancée malgré elle... Tu ne sais pas, Achille? Ce n'est plus un baron que j'épouse : c'est un héros, une sorte de demi-dieu...

ACHILLE.

Ah bah!

CLÉMENCE.

Il a sauvé deux...

ÉVA.

Trois!

CLÉMENCE.

Trois personnes à la nage.

ÉVA.

Il a dépensé presque toute sa fortune à protéger les artistes, les poëtes.

ACHILLE.

Voyez-vous ça! — Moi qui croyais qu'il s'était seulement donné la peine de naître, selon l'expression de Beaumarchais.

ÉVA.

On ne saurait trouver un plus beau caractère.

CLÉMENCE.

Il n'est guère possible d'en douter.

ACHILLE.

T'y voilà donc?

CLÉMENCE.

Il faut bien me rendre à l'évidence comme tout le monde.

ACHILLE.

Comment! ce noble baron daigne s'intéresser aux écrivains, aux artistes : il les comprend donc?

EVA.

Quelle étrange prévention! On ne juge pas ainsi à la légère les gens qu'on n'a vus qu'en passant. Si tu étais là pendant les visites du baron et si tu l'avais écouté quelques instants, tu dirais comme nous qu'il est rare de trouver plus de variété dans les connaissances, et d'entendre plus noblement exprimer de nobles pensées : c'est une de ces rares exceptions chez lesquelles la distinction extérieure est tout à fait en rapport avec celle de l'esprit.

ACHILLE.

Autrement dit, plus héroïque qu'Alcide et plus rayonnant qu'Apollon!... Je connais cela, c'est une vieille histoire. Dès qu'on arrête un mariage, l'encens de la louange brûle de tous côtés : c'est à qui remplira le mieux le rôle de thuriféraire; le prétendant, la prétendue sont des phénomènes d'esprit, de grâces, de vertus; le front se lève, la vanité se rengorge; on savoure délicieusement les douces bouffées qui montent caresser l'amour-propre; on se croirait volontiers, dans cet Olympe improvisé, passé à l'état de Dieu, si l'on ne s'éveillait le lendemain Gros-Jean comme devant..... Je parle ici en général, bien entendu : personne ne sait mieux que moi ce que nous valons, chère Clémence, et quant à monsieur de Beauregard, puisque tu le choisis, il faut croire qu'il est digne de toi et possède toutes les qualités qu'on lui prête.

EVA.

Oh! ils s'entendront à merveille.

ACHILLE.

Martial en fait le plus grand cas. J'avais cru entendre, je

ne sais plus où, que le baron avait dépensé ses années et son
argent en certains désordres peu faits pour honorer son caractère...

ÉVA.

Quelle calomnie!

ACHILLE.

Évidemment, le baron a été calomnié, car si la louange
exagérée est de mise au moment des mariages, la calomnie
ne se gêne point pour y jeter aussi son venin : le poison se
mêle à l'encens, l'un s'évapore en fumée, mais si l'on ne
parvient à neutraliser l'autre, rien ne garantit de ses atteintes
mortelles. Oui, je vous crois, loin d'avoir été un élégant dé-
bauché, vivant sans but avouable, futile, inutile, le baron est
un esprit éclairé, un cœur d'élite. Aimer, protéger tout ce
qui est beau, n'est-ce pas montrer ce qu'on vaut soi-même?
Il n'est pas donné à tous de produire : toutes les fleurs n'ont
pas de fruit. Mais n'est-ce rien que de savoir discerner, fé-
conder, autour de soi, les meilleures dispositions, et, sans
gloire pour soi-même, que de se contenter de celle qu'on a
fait naître chez les autres? Salut donc à ce nouveau frère,
qu'il soit le bien venu.

SCÈNE VII.

LES MÊMES, LÉOPOLD.

CLÉMENCE.

Mais arrivez donc, affreux docteur! on a tant de choses à
vous dire, de nouvelles à vous apprendre, et depuis quinze
jours, quinze siècles! on n'a même pas vu poindre le bout de
vos longues oreilles?..... On le sait, vous êtes heureux, enchanté, votre ambition est satisfaite. Notre providence ordinaire vous est venue en aide : vous voilà l'ami, le bras droit

d'une illustration médicale ; on ne s'occupe que de vous, votre prompt succès est un événement. Peut-être commence-t-on à vendre votre photographie dans les rues : mais au milieu de ce triomphe que faites-vous de vos anciens amis, ô le plus volage des bienfaiteurs ?

LÉOPOLD.

Ne pourrez-vous donc pas — cela soit dit pour la centième fois, — vous habituer à parler moins vite ?

CLÉMENCE.

Excusez-vous d'abord.

LÉOPOLD.

Rien de plus facile. Votre providence, comme vous l'appelez, madame la duchesse de Valmorin, me contraignit, il y a quelques jours, de l'accompagner chez un ami de son mari. Cet ami, vous l'avez deviné, était un des princes de notre art. Alité et mal secondé, mon célèbre confrère m'a confié son innombrable clientèle. Depuis mon installation chez lui, je ne m'appartiens plus : le jour et la nuit sont insuffisants ; il ne faut plus songer aux vulgaires nécessités de manger et de dormir ; mon sommeil est interrompu à chaque instant ; la foule impatiente, à défaut du maître dont la haute estime est mon meilleur titre, m'écoute comme un oracle ; c'est à qui fixera le mieux mon attention, obtiendra de ma seigneurie un plus grand nombre de minutes. C'est à ne pas y croire ! Inconnu, oublié, j'allais rester oisif dans cette fourmilière de malades venus de toutes les parties de France, d'Europe, et me voilà, de par une grande dame, l'homme, ou, pour mieux dire, l'esclave le plus accablé, le plus ahuri, le plus indispensable de Paris ! Comment trouvez-vous l'excuse ?

ACHILLE.

C'est à ce point ?

LÉOPOLD.

Pendant que je vous parle, plusieurs centaines de personnes m'attendent dans les antichambres de mon illustre patron, que la douleur retient au lit. On vient solliciter de sa science éprouvée ce qu'il ne peut s'accorder à lui-même ; tous les maux de la terre sont là : que de craintes, que d'espérances ! Combien vont chercher dans mon regard leur délivrance ou leur arrêt. Et, le plus souvent, que peut notre science incertaine... Maintenant que je vous ai vus, que je sais qu'on va bien ici, courons au devoir.

CLÉMENCE, elle le retient par le bras.

Courons à l'ambition, voulez-vous dire. Et vous croyez qu'on va vous laisser partir comme cela ? — Est-ce qu'on ressuscite les gens pour les abandonner ensuite au moment le plus important de l'existence qu'on leur a rendue ? Tout le monde saura donc que je me marie, excepté le docteur Léopold, auquel je dois de me marier...

LÉOPOLD.

Vous vous mariez... vous ?

CLÉMENCE.

Oui, Monsieur, moi ! Qu'y a-t-il d'étonnant, je vous prie ? Ma santé vous paraîtrait-elle...

LÉOPOLD.

Oh ! du tout, Mademoiselle, votre santé est excellente...

ÉVA.

Un parti comme on n'en trouve plus, docteur, un caractère chevaleresque, un mari accompli !

LÉOPOLD.

Je n'en doute pas.

ACHILLE.

Il le connaît mieux que toi. C'est un de vos condisciples ;

Martial et vous l'avez connu en même temps : le baron de
Beauregard.

LÉOPOLD.

Beauregard ! Beauregard votre mari, Clémence ?

CLÉMENCE.

Sans doute.. Qu'y a-t-il de surprenant ?

LÉOPOLD.

Rien... oh ! rien... Martial le connaît mieux que moi... du
moment que vous-même le jugez digne...

ACHILLE.

Auriez-vous, comme moi, entendu calomnier le baron,
docteur ?

LÉOPOLD.

Nullement : je l'ai à peine revu depuis notre sortie de Sainte-
Barbe : mais j'aurais cru, d'après certaines paroles...

ÉVA.

Qu'il ne voulait pas se marier. Il a changé d'avis. Ses goûts et
ceux de Clémence sont en parfaite harmonie. Monsieur et Madame la baronne ne rêvent plus que la vie des champs, et
vont se retirer dans leurs terres, en Limousin. Nous irons les
visiter, docteur, quand vos occupations vous le permettront ?

LÉOPOLD.

Certainement... certainement...

CLÉMENCE.

Je ne vous ai pas quitté de l'œil, docteur, vous avez changé
de figure.

LÉOPOLD.

Moi ?...

CLÉMENCE.

Oui, vous-même. Avouez-le franchement, ce mariage ne
vous va pas ?

ÉVA.

Quelle bizarre idée ! Pourquoi ce mariage n'irait-il pas à notre bon docteur, puisque tout le monde ici en est enchanté, et toi la première ?

LÉOPOLD.

C'est évident !.... Je dois être comme tout le monde, moi, enchanté, très-enchanté !...

CLÉMENCE.

C'est faux ! mon bon docteur ; votre rire est jaune comme la feuille d'automne : pas d'enchantement forcé, je vous en prie... Qu'y a-t-il contre le baron ?...

SCÈNE VIII.

LES MÊMES, DE BEAUREGARD.

DE BEAUREGARD.

Il n'y a personne chez madame votre mère. Pardonnez-moi, Mesdemoiselles, de vous poursuivre jusqu'ici..... Bonjour, Messieurs... Comment vas-tu, docteur ? On parlait hier de toi, en fort bon lieu, de manière à faire rougir ta modestie. Les illustrations t'adoptent ; il paraît que tu iras loin.

LÉOPOLD.

Moins loin que toi, baron de Beauregard.

ÉVA.

Donnez-vous donc la peine de vous asseoir, Monsieur le baron. Mère ne peut tarder à rentrer.

DE BEAUREGARD.

L'attente, en aussi bonne compagnie, ne peut manquer d'être facile. Monsieur Achille, je viens de lire la Revue : permettez-moi de vous dire que Turgot n'a jamais été mieux étudié, ni mieux compris. Des faits nouveaux, des clartés inattendues, un jugement déjà mûr, un style simple, élevé, donnent à cette lecture un attrait tout particulier. Les amis de ce promoteur de nos libertés seront contents : c'est là débuter comme un maître.

ACHILLE.

Prenez garde, Monsieur le baron, vous allez me donner trop d'orgueil. Votre suffrage me flatte d'autant plus que je sais qu'il est d'un bon juge.

SCÈNE IX.

LES MÊMES, MARTIAL.

MARTIAL, il lui serre affectueusement la main.

Mes bons, mes meilleurs amis!.... Clémence, madame de Valmorin t'attend en bas.

ACHILLE.

Ma chère marraine! courons.

MARTIAL.

Pardon, Messieurs, je suis à vous à l'instant.

SCÈNE X.

LÉOPOLD, DE BEAUREGARD.

LÉOPOLD.

Qu'apprends-je, baron de Beauregard, c'est ici que tu viens mettre en pratique les nobles théories dont tu m'entretenais dernièrement?

DE BEAUREGARD.

Oui, mon cher docteur, c'est là le mariage dont je t'ai parlé : tu vois que je ne pouvais faire un meilleur choix?

LÉOPOLD.

Mais ne m'as-tu pas avoué que tu n'aimais pas cette jeune fille? que tu ne te mariais que poussé par la nécessité de réparer les brèches faites à ta fortune?

DE BEAUREGARD.

Et quand cela serait?

LÉOPOLD.

Ce qui veut dire que cela est. Eh! bien! franchise pour franchise, j'entends, moi, m'opposer à cette infamie!

DE BEAUREGARD.

Un roi dirait : nous entendons.

LÉOPOLD.

Ah! monsieur de Beauregard, vous avez le monde entier pour exercer votre nouvelle industrie, et cette malheureuse enfant que j'ai sauvée en serait la victime!... Non, non! cela ne sera pas... Tu trouveras ailleurs de plus riches héritières; mais respecte celle-là : aucune autre ne mérite plus d'estime et de tendre affection!.... Tu ne sais pas qu'elle était mourante, abandonnée, condamnée par mes confrères, quand je suis venu la disputer à la tombe? L'as-tu ramenée à la vie? As-tu recueilli les effusions de sa reconnaissance? As-tu vu briller cette âme qui m'a récompensé de mes soins par des trésors de confiance, d'amitié?..... Et tu veux que je l'abandonne cette proie, que je laisse sciemment briser ce que j'ai laborieusement réédifié; dépouiller, souiller, ce qu'il y a au monde de plus vaillant et de plus pur?..... Cela ne sera pas, baron de Beauregard; je ne permettrai pas semblable profanation... Tu renonceras à ce mariage, ou...

DE BEAUREGARD.

Nous nous battrons...

LEOPOLD.

Sans merci...

DE BEAUREGARD.

C'est entendu... Quel feu, quelle incandescence : on croirait un volcan en pleine irruption... Diable, comme vous y allez, en Limousin! Pour un grave docteur, se couper la gorge tout d'un coup, sans plus de façon : que ferais-tu donc de plus si tu étais militaire? Voyons, mon cher ami, calmons-nous et raisonnons un peu ensemble. Certes, quel que soit mon goût pour la franchise, si je t'avais su en des relations aussi intimes avec la famille de Saint-Rémy, je me serais bien gardé de te prendre pour confident, car l'illusion, en de tels projets, est toujours un peu nécessaire : mais puisque le hasard t'a fait lire au fond de ma pensée, je prendrai la peine de te l'expliquer tout entière. Menacé dans ma liberté par la disparition de ma fortune, je ne fais qu'écouter le simple instinct de la conservation : le péril se montre, je cherche un refuge, ou plutôt je n'ai pas même besoin de le chercher, on me l'offre. Un ami, auquel je n'ai en rien caché l'état de mes affaires, me donne sa sœur : le parti me convient, je l'accepte, nous sommes tous contents, enchantés les uns des autres. Comment cela peut-il t'inspirer cette sainte fureur? me valoir l'honneur, suivi du regret, de tuer un ancien condisciple?... Vraiment, c'est à décourager la renaissance de la vertu!... Mes poumons ont besoin d'air, je fuis cette Paphos qui m'épuise de sang et d'or, un dernier rêve, une idylle me sourit encore : me voilà prêt, comme si les bergeries revenait à la mode, à conduire une châtelaine au village, à me faire éleveur, planteur, chasseur. Et survient un sage dont la spécialité est de guérir tous les maux, même ceux de l'âme, un incorruptible, un Caton, qui, au lieu de battre des mains,

crie à l'infamie, au sacrilége, et demande à se faire tuer!....
Mais tu n'as pas le sens commun, mon cher docteur!

LÉOPOLD.

Ouj, baron de Beauregard, je crie à l'infamie, car les sentiments qui te font agir sont indignes d'un honnête homme.
Est-ce que la famille de Saint-Rémy ne te rejeterait pas avec
dégoût si elle les connaissait? Tu te fais poser ici en héros,
et tu n'es en réalité qu'un spéculateur méprisable, un débau-
ché exténué qui reprendra ses vices en même temps que ses
forces, et reviendra bientôt engloutir les biens de l'infortunée
qu'on aura eu la coupable faiblesse de lui donner!... J'arra-
cherai ton masque, moi homme franc, homme loyal, je vais
te dépouiller de tes oripeaux afin que ton cynisme brille dans
tout son éclat; il faut qu'on te voie ici tel que tu es, que chacun connaisse cette belle âme de héros qui, à bout de ressources, tremblant d'être dans la nécessité de travailler pour
subsister, tend les mains vers une enfant, la supplie à genoux
de lui accorder un refuge!... Et tu te dis gentilhomme, toi? et
tu oses menacer de mort les gens de cœur?... Eh bien, puisque tu le préfères, baron, c'est moi qui le romprai, ce mariage. Ici, à l'instant même, je vais répéter les aveux de ta
glorieuse franchise, te montrer dans ta hideuse nudité!

DE BEAUREGARD.

On ne te croira pas. Quel témoignage peux-tu invoquer
contre moi? Le mien? mes propres paroles? Qui m'empêchera
de dire que je me suis moqué de toi? Le choix de Martial et
de sa famille entre nous n'est pas douteux. On me connaît
de vieille date, tu arrives d'hier, et tu veux, quand tout le
monde sera contre toi, qu'on s'arrête à des propos que je
n'aurai qu'à démentir? Crois-moi, docteur, tu en serais pour
tes frais.... Eh! eh! ce serait assez divertissant, si, en cher-

chant le mobile de la bouillante indignation, on venait à supposer, — car au fond l'intérêt guide tout le monde, — que ce probe docteur, cet ami si désintéressé, pourrait bien désirer pour lui-même une dot qu'il lui est si désagréable de voir enlever par un autre... Calomnier un condisciple, exploiter la reconnaissance d'une cliente, courtiser une fortune assez ronde, pour se dispenser de vivre au milieu des malades, ce n'est pas déjà si mal pour un Caton limousin!... Quel moyen d'expliquer autrement cette étrange intervention que rien ne peut autoriser? Singulier intérêt que celui qui consiste à compromettre ceux qu'on prétend défendre, à mettre toutes les mauvaises langues en branle par un duel à grand fracas? Certes, les versions plus ou moins charitables ne manqueront pas pour expliquer cet amour d'une nouvelle espèce que porte un médecin à ses clientes. Afficher une femme...

LÉOPOLD.

C'est vrai!... Tout est pour lui...

DE BEAUREGARD.

Tellement vrai, qu'au point où en sont les choses, un duel entre nous ferait planer sur mademoiselle de Saint-Rémy les doutes les plus outrageants.

LÉOPOLD.

C'est vrai! c'est vrai!... Mais ne chante pas encore victoire. Tu ne tiens pas ta victime : je parlerai.... on te connaîtra....

DE BEAUREGARD.

Tu te tairas si tu as un seul grain de sens commun, et laisseras entre nous des paroles sans importance. Je n'ai eu qu'un tort, celui de te faire entendre un langage que tout le monde prétend aimer et que personne ne peut écouter de sang-froid. Tu n'aimes pas la vérité, soit, laissons-la au fond du

puits. Mais qu'il n'y ait plus ici que deux condisciples, deux
amis, dont l'un est trop galant homme pour se préoccuper de
ce chaleureux intérêt, de cette bravoure de Don Quichotte
dont tu as bien voulu m'honorer en faveur de la personne
que j'épouse... Pauvre docteur, va! Voyez donc comme il est
à plaindre : on lui prend l'œuvre de ses soins, de ses veilles,
on démolit son édifice ! Mais aussi pourquoi pousser l'amour
de la science jusqu'à ses extrêmes limites... Rassure-toi donc,
ô nouveau Pygmalion! l'objet de ta gloire sera obéi, choyé,
encensé, en un mot, compte sur le bonheur de ma femme :
je t'en réponds !

De Beauregard sort en prononçant ces derniers mots; Léopold
reste comme atterré.

FIN DU DEUXIÈME ACTE.

ACTE TROISIÈME.

Même décoration.

SCÈNE PREMIÈRE.

HÉLÈNE, elle est assise et travaille.

UNE DOMESTIQUE, annonçant.

Monsieur le baron de Beauregard.

SCÈNE II.

DE BEAUREGARD, HÉLÈNE.

DE BEAUREGARD, lui remettant des lettres.

Croyez, Madame, que je n'eusse jamais consenti à me sé-
parer de ces lignes brûlantes, qu'écrivit une autre Héloïse,
si ma parole ne m'y contraignait : nos engagements ayant été
fidèlement remplis de part et d'autre, je n'ai plus le droit de
conserver ces lettres qui me sont si chères.

(Hélène jette les lettres au feu).

DE BEAUREGARD.

Brûler un tel trésor !

HÉLÈNE.

Assez, monsieur de Beauregard, assez d'ironie et de per-
siflage ! On sait ce que valent les mots dans votre bouche :
ils n'ont d'autre source que celle du caprice ou de l'intérêt.
Ah ! ne me sachez pas gré de votre triomphe ! Si le repos de
M. de Saint-Rémy ne m'était plus cher que l'existence, croyez-
vous que j'hésiterais à rendre moi-même ma honte publique

pour préserver sa sœur de vos manœuvres? Mais le courage me manque, Monsieur. Réjouissez-vous plutôt de ma faiblesse que de ma complaisance. Non, je ne puis me résigner à jeter un tel désenchantement dans un tel cœur, à dire au plus confiant, au plus généreux des hommes : « Tu chéris ta femme, elle te déshonore! tu ne vois rien au-dessus de ton ami, et ce n'est là qu'un vil suborneur, qu'une âme livrée à tous les vices et capable de tous les crimes : il a perdu ta femme et vient tromper ta sœur!... » Non, Monsieur, non, je n'ai pas le courage de lui montrer cette fange, de le précipiter du sommet des saintes affections dans ce doute cruel qui briserait son noble cœur.... Seule ici je sais qui vous êtes, je sais ce que vous voulez, et, quoi que je fasse, il faut que j'assume, malgré moi, la terrible responsabilité de laisser dépouiller la sœur par celui qui souilla l'épouse!.... Mais qui sait? Monsieur, cette providence dont vous vous riez, n'a peut-être pas encore dit son dernier mot...

DE BEAUREGARD.

La providence! voilà le grand mot, en effet : Que lui demanderons-nous à cette chère providence si propice aux Madeleines repentantes? d'écraser, de foudroyer charitablement notre ami d'hier que nous traitons aujourd'hui d'ennemi parce qu'il se rend à nos conseils et se marie par désespoir..... O race d'Ève! que dire de toi, sinon que tu es changeante autant que belle, et que le plus savant, en ce qui te concerne, n'y voit pas plus loin que son nez!..... Eh bien, ma chère ennemie, je suis désolé de vous le dire, mais cette providence dont vous disposez si généreusement en ma faveur, ne peut plus vous venir en aide : le fatal trop tard est prononcé. Dans une heure, vous ne l'ignorez pas, nous procédons au contrat. Qui voudrait ensuite faire défaut à sa signature? Du reste,

quoique sûr de votre discrétion, je n'ai gardé de vos lettres
que les plus indispensables.

HÉLÈNE.

C'est bien de vous!

DE BEAUREGARD.

Précaution fort inutile, j'en conviens. La réputation qu'on
m'a faite ici est inattaquable; ce cher Martial ne tarit pas sur
mes qualités : voilà bien les maris...

HÉLÈNE.

Impudent !

DE BEAUREGARD.

Puis-je empêcher mes amis de me tresser des couronnes,
de me hisser sur un piédestal? L'un m'attribue la gloire d'un
nageur de premier ordre, avec lequel je n'ai de commun que
le nom, sans se demander si je connais seulement les Sables-
d'Olonne, un autre prétend que je me fais pauvre par modestie. Il faut bien, malgré soi, consentir à faire la roue, puisque d'autres prennent plaisir à m'enrichir, à m'emplumer de
l'écrin chatoyant du paon... Mais là, d'honneur, Hélène, si
votre beauté sans rivale m'enchaîne toujours à vos pieds,
l'esprit alerte, pétillant, de ma châtelaine, ne me déplaît point.
Elle a une animation, un feu dans le regard, un accent con-
vaincu dans la voix, qui rendent sa laideur vraiment attrayante.
Joignons à tous ces agréments un vieux castel — genre Walter-
Scott, — des terres en excellent rapport, des bois qui four-
millent de gibier, des lacs encombrés de poissons, et nous
aurions l'antique Éden, si la beauté, sous votre forme, venait
parfois s'y faire adorer.

SCÈNE III.

LES MÊMES, MARTIAL, il tient une lettre.

MARTIAL.

Voici bien la rencontre la plus singulière...

DE BEAUREGARD.

Qu'est-ce donc?

MARTIAL.

Nous avons des envieux, mon cher baron : qui n'en a pas?
Se produit-il un bonheur, une gloire, qui ne fassent naître
aussitôt des myriades de mécontents? Il n'est pas jusqu'à ce
pauvre Léopold qui ne soit venu me conter des sornettes qu'il
m'a été impossible d'écouter sans lui rire au nez. On te calomnie; qui peut éviter de l'être en pareille occurrence? Aujourd'hui, la parole est à l'anonyme : ma mère vient de recevoir cette lettre...

DE BEAUREGARD.

Voyons. (Il lit) : « Madame, l'homme à l'honneur duquel vous
» avez le malheur de croire, m'a avoué qu'il ne recherchait
» mademoiselle votre fille que pour sa dot. A bout de res-
» sources, trop lâche pour demander au travail des moyens
» de subsistance, il ne peut vous offrir, comme garantie de
» l'avenir, que la honte d'un passé rempli par tous les vices.
» Hâtez-vous, Madame, de le repousser; car il flétrirait votre
» enfant comme il m'a flétrie et perdue moi-même!... »
C'est d'une charité tout à fait angélique!

MARTIAL.

Il n'y a que du mépris à donner à de telles attaques et à
tout ce qui sort de la source impure de l'anonyme. J'allais
détruire cette intéressante production, quand l'idée m'est
venue d'examiner à fond cette écriture contrefaite.

HÉLÈNE, à part.

O ciel!

MARTIAL.

Un expert en écritures est attaché à mon administration. Il m'a appris, au moyen de verres grossissants et par une observation minutieuse, à lever le voile sous lequel se cache la calomnie. Pendant que j'examinais ces lignes, mes yeux sont tombés sur une écriture bien connue, et j'ai trouvé des rapprochements à confondre les plus incrédules, s'il n'existait contre cette similitude une impossibilité radicale, absolue.... En un mot, Hélène, cette écriture déguisée a les rapports les plus frappants avec la tienne.

HÉLÈNE.

O Dieu!...

DE BEAUREGARD.

C'est charmant... délicieux!...

MARTIAL.

Quelle folie!... Ce rapprochement est en effet des plus divertissants... Quelque Ariane, qui pleure sur le rivage son infidèle Thésée, aura exhalé ce cri de rage. Madame de Saint-Rémy n'a pas même voulu lire cette lettre ; jette-la au feu et qu'il n'en soit plus question..... Maître Rossignol, le roi des notaires, ne peut tarder à arriver. Je vous préviendrai quand tout sera prêt.

SCÈNE IV.

BEAUREGARD, HÉLÈNE, ÉVA.

ÉVA, elle entre par une porte latérale tandis que Martial sort par celle
du fond.

(A Hélène.)

Comment me trouvez-vous? On ne pouvait se mettre en frais de toilette pour une plus belle solennité.

HÉLÈNE.

Charmante, comme toujours.

ÉVA.

Et vous, Monsieur le baron?

DE BEAUREGARD.

La parure et la parée sont à l'unisson : on ne peut plus ravissantes !

ÉVA.

Flatteur!..... Je suis si heureuse du bonheur de ma chère Clémence, qu'il me semble que la coquetterie même m'est permise.... Voilà donc le grand jour! J'ai hâte de signer ce contrat des deux mains.

HÉLÈNE.

Quelle impatience.

ÉVA.

On ne se presse jamais trop de réaliser ses plus doux rêves.

HÉLÈNE.

Oui, si la réalité ressemble au rêve : mais que de déceptions amères, que de ténébreuses réalités succèdent aux rêves les plus brillants!

ÉVA.

Il n'en a pas été ainsi pour vous, Hélène?

HÉLÈNE.

Oh! non. Martial est le meilleur des hommes! mes vœux sont comblés au-delà..... Mais combien de jeunes cerveaux bouillonnent en songeant à leur bel avenir, combien d'âmes pures, candides, prêtent imprudemment au premier imposteur venu leur rayonnante auréole et leur blancheur sans tache. Comment croire au vice, au mensonge, toutes choses qu'on ignore ou qui n'inspirent que dégoût? Le cœur parle, l'imagination s'exalte, on déploie comme les anges ses ailes sans souillure dans le limpide éther ; tout est rayons, parfums, harmonies : il semble qu'on va dire adieu à cette terrestre patrie pour habiter un séjour de délices sans fin ; mais tout à coup le bandeau tombe, le prisme se brise, l'enfer remplace l'empyrée! Au lieu des sentiments qu'elle espérait, la mariée ne trouve, trop souvent, que honteux calculs, et sent la mort au fond du cœur!

ÉVA.

Comme vous nous dites cela, Hélène? Si Monsieur le baron n'était patroné par vous, il aurait le droit de s'étonner de vos paroles. On croirait vraiment, à vous entendre, qu'il y a ici quelqu'un en danger?

DE BEAUREGARD.

Madame possède une richesse de langage, une hauteur d'expression capables de lui attirer la convoitise de plus d'un orateur..... Il n'est pourtant pas logique, quand on a été si favorisé pour son compte, de montrer tant d'appréhension pour les autres.

ÉVA.

Rien n'est plus évident. Puisque vous êtes heureuse, pourquoi voulez-vous que les autres ne le soient pas?

HÉLÈNE.

Dieu vous garde, jeune sœur, d'avoir jamais ma triste expérience.

SCÈNE V.

LES MÊMES, CLÉMENCE.

ÉVA.

Viens donc remonter notre Hélène... Nous sommes encore dans nos noirs...

DE BEAUREGARD.

Madame a sa migraine ordinaire.

CLÉMENCE.

Oh! pour aujourd'hui, chère sœur, c'est défendu..... Débarrassez-vous bien vite de cette vilaine société. Sans cela notre joie serait imparfaite.

ÉVA.

Venez, Hélène, nous allons employer les grands moyens.

HÉLÈNE, à part.

Tout est perdu!....

SCÈNE VI.

DE BEAUREGARD, CLÉMENCE.

DE BEAUREGARD.

Que je suis heureux, ma belle fiancée, de vous voir en aussi bonnes dispositions.

CLÉMENCE.

D'abord, Monsieur, je ne suis pas belle.

DE BEAUREGARD, à part.

C'est vrai!

CLÉMENCE.

Ayez l'extrême obligeance de me dire toujours la vérité : je n'aime qu'elle...

DE BEAUREGARD, à part.

Que c'est gracieux!

CLÉMENCE.

Et permettez-moi, puisqu'on est sur le point de nous unir, de vous en donner l'exemple la première. Habitué comme vous l'êtes aux séductions de la capitale, aux jouissances élevées de l'esprit, qu'on ne trouve qu'au milieu d'hommes éclai-

rés, supérieurs, comment pouvez-vous consentir à vous retirer dans un pauvre village où tout va vous manquer à la
fois?

DE BEAUREGARD.

Ne serez-vous pas là?

CLÉMENCE.

Soyez sincère?..... Je n'ai pas la sotte prétention de me
croire capable de remplacer tout ce que vous allez quitter.

DE BEAUREGARD.

Ce que je vais quitter! Mais elle m'est à charge cette existence inutile!...... Vous seule désormais pouvez charmer des
jours qui, sans vous, n'auraient plus nulle raison d'être.....
La croyez-vous inépuisable cette coupe des délices parisiennes?
Heureux celui qui la repousse avant d'y avoir puisé le désenchantement et le dégoût. Ne vous plaignez pas trop de ne
connaître que la vie de province. Là, tout est plus sain : les
tempéraments y sont moins exposés, les relations plus sûres,
on y respire, en plein soleil, un air de santé qui fortifie le
corps, réjouit l'âme; on a le temps de s'y livrer à l'étude, à
des travaux utiles et surtout de s'y aimer...

CLÉMENCE, à part.

Voilà une note fausse!

DE BEAUREGARD.

Que serait la vie sans cela? Et voyez, autour de nous, est-
ce qu'on le peut? Est-ce qu'on y pense seulement?..... Cette
atmosphère brûlante semble mettre tout le monde en délire;
les affaires, l'ambition avant tout : on dirait une fourmilière
de forcenés qui dédaignent tous les vrais biens pour se disputer quelques parcelles d'or... Vous ne sauriez croire à quel
point j'étais las de ce bruit, de cette foule dont on ne peut se
préserver ici : l'air me manquait, la vie semblait se retirer
de moi quand votre vue m'a rafraîchi l'âme...

CLÉMENCE, à part.

Encore une note fausse!

DE BEAUREGARD.

Aussi je n'aspire plus qu'à cette existence contemplative et tranquille que vous aimez. Un cercle étroit de parents et d'amis, les soins à donner à nos domaines, quelques voyages, un amour vrai...

CLÉMENCE, à part.

Faux, toujours faux!...

DE BEAUREGARD.

N'y a-t-il pas là de quoi faire oublier Paris?

CLÉMENCE, à part.

Oui, si tout cela y était.... (Haut.) C'est donc sans regret...

DE BEAUREGARD.

Oh! sans aucun regret! Plus tard, si vous le désirez, je viendrai vous initier aux plaisirs d'un monde qui vous est étranger? Quant à présent, c'est moi qui vous demande d'être initié au vôtre.

CLÉMENCE.

Quoi! vous ne redoutez pas l'uniformité de ces jours monotones que rien ne diversifie? les longues heures qu'aucune distraction de bon goût ne peut remplir? en un mot, l'ennui qu'un homme du monde est sûr de rencontrer dans un village?

DE BEAUREGARD.

Rassurez-vous; l'ennui ne peut exister où vous êtes : votre esprit ferait sur lui l'effet de l'eau bénite sur Satan....

CLÉMENCE, à part.

C'est là ce que nous allons voir.

DE BEAUREGARD.

· D'honneur, cette perspective d'existence de campagnard me plaît beaucoup...... Du reste, si vous gardiez de ce côté la moindre appréhension, je vous avouerais que l'air pur m'est ordonné par mon médecin.

CLÉMENCE, à part.

Voilà le mot de l'énigme! (Haut.) Puisqu'il en est ainsi, Monsieur, je n'ai plus d'objection à faire. Cette manière de vivre étant, comme vous savez, celle de mon choix, je ne l'appréhendais que pour vous.

DE BEAUREGARD, lui prenant la main.

Que vous êtes bonne!... Vous ignorez à quel point vous m'avez converti. Je vais vous en donner une excellente preuve. Pas plus tard qu'hier soir, je lisais *le Jocelyn* de Lamartine : (car en pareils jours le cœur déborde et l'on a besoin de quelqu'un qui exprime ce qu'on ressent), ces brises qui chantent, ces fleurs qui parlent et enivrent les sens, cette terre embellie de tant de charmes, cette nature qui palpite, et, au milieu de tout cela, ces deux âmes confondues dans un céleste amour vous emportent vers des régions plus pures, et vous font désirer ardemment ces joies, ces extases inconnues dans le sein des villes... Je vous aime déjà comme ce prêtre aimait Laurence!...

CLÉMENCE, à part.

C'est ce qui va se vérifier.

SCÈNE VII.

LES MÊMES, LA DUCHESSE, Mme DE SAINT-RÉMY.

LA DUCHESSE.

J'avais si peur d'être en retard.

Mme DE SAINT-RÉMY.

Tu es au contraire en avance.

LA DUCHESSE.

Monsieur le baron, recevez mes nouvelles félicitations. Et

toi, petite amie, que te dire en un aussi redoutable moment. Nous sentons-nous le cœur vaillant et résolu?

CLÉMENCE.

Vaillant comme toujours!

LA DUCHESSE.

Oh! quel brave soldat nous eussions fait : il y en a plus d'un dans l'armée...

CLÉMENCE.

Du pape...

LA DUCHESSE.

Et même dans la nôtre, qui ne te vaut pas. Nous vous donnons-là, baron, un diamant plus précieux que le Régent de France.

DE BEAUREGARD.

Aussi ne l'échangerais-je pas contre tous ceux du monde.

LA DUCHESSE.

Cela se comprend : il serait difficile de ne pas apprécier à sa haute valeur cette nature privilégiée, cette puissance dissimulée sous une apparente faiblesse..... Vous avez mis la main du premier coup sur l'introuvable : votre choix montre assez ce que vaut celui qui l'a fait..... Mais que me dit-on, Monsieur de Beauregard, nous avons des projets de retraite, nous allons, comme deux hirondelles, suspendre un nid à quelque vieux donjon?

DE BEAUREGARD.

Le bonheur aspire à l'isolement.

LA DUCHESSE.

Le bonheur! Voilà un mot qu'on aime à entendre et surtout à voir réaliser. Soyez donc heureux. Cela vaut mieux que l'ambition. Mon mari regrettera pourtant votre peu de goût pour les emplois : il eût pu vous servir auprès des ministres.

DE BEAUREGARD.

Veuillez, Madame la duchesse, lui faire agréer tous mes

remerciements.... Il est trop tard pour commencer une carrière : confessons, du reste, notre complète insuffisance.

LA DUCHESSE.

C'est beaucoup à la fois de sagesse et de modestie. Il faut décidément reconnaître que le nombre des ambitieux est moins grand qu'on ne le suppose généralement. Le docteur Léopold en est un nouvel exemple. Un avenir magnifique lui était assuré, et le voilà qui part, qui retourne à Limoges.

Mme DE SAINT-REMY.

Que se passe-t-il donc dans le cerveau de ce pauvre docteur? Ses actes sont incompréhensibles. Grâce à toi, mis en évidence, il pouvait se faire une rapide réputation. Il appelait la fortune, qui ne venait pas : elle arrive, il lui tourne le dos.

CLÉMENCE.

Est-ce que ce bon docteur peut se passer de moi? Je viens à Paris, il m'y suit, je retourne en Limousin, il y revient : c'était prévu.

DE BEAUREGARD.

En vérité! vous avez tout cet empire sur notre excellent ami Léopold?

CLÉMENCE.

Je me l'attribue au moins. C'est un cœur si dévoué, un ami si désintéressé, que toute pensée qui m'est profitable, tout oubli de lui-même, me semblent de sa part chose presque naturelle.

SCÈNE VIII.

LES MÊMES, LÉOPOLD.

LA DUCHESSE.

Venez, Monsieur, rendre compte de vos méfaits? Nous parlions précisément de vous, et nous demandions si vous teniez si peu à vos nouveaux amis, et faisiez si peu de cas de leur santé pour les sacrifier ainsi à votre Limousin?

LÉOPOLD.

Oh! je suis, en effet, Madame la duchesse, un grand coupable : puissé-je en l'avouant désarmer votre justice, et vous faire agréer l'expression de mon éternelle reconnaissance. Dieu préservera votre précieuse santé de nouvelles atteintes. Mon plus vif regret, en quittant Paris, et de ne pouvoir lui continuer mes soins. Je conserverai, Madame, au fond du cœur, le souvenir de vos bontés, et me rappellerai que s'il est de par le monde des âmes assez déchues pour déshonorer leur noble origine, il en est d'autres, à quelque hauteur qu'elles se trouvent, qui répandent un nouvel éclat autour d'elles, et, créées pour le bien d'autrui, mettent leur satisfaction dans celle qu'elles font éprouver aux autres. C'est vous nommer, Madame la duchesse, que de parler de ces natures vraiment providentielles dont la joie la plus douce est de dispenser leurs bienfaits.

LA DUCHESSE.

Je vous remercie de vos éloges, mon cher docteur, quoique peu mérités. Il est si naturel de faire le bien qu'on peut : cela n'a pas besoin d'être loué. Ayez moins bonne opinion de nous, et ne brisez pas un avenir qui doit combler votre ambition.

LÉOPOLD.

De l'ambition!... Je n'en ai jamais eu.

CLÉMENCE, à part.

Je m'en doutais.

DE BEAUREGARD.

Il est toujours le même, ce cher docteur : une vertu antique, une modestie incroyable pour l'époque où nous vivons ; c'est bien là l'homme introuvable que cherchait le philosophe athénien avec sa lanterne en plein midi. Tout le monde court après l'aveugle Plutus : lui au contraire s'empresse de s'esquiver dès que ce dieu païen lui montre le bout de son nez. Si j'avais ton épitaphe à faire, docteur, je n'écrirais que ces mots : « Cet homme fut désintéressé. »

LÉOPOLD.

Les épitaphes ne sont souvent qu'imposture. A ce compte, tu dois t'y entendre, baron de Beauregard.

DE BEAUREGARD.

Monsieur !...

SCÈNE IX.

Les mêmes, MARTIAL, HÉLÈNE, ÉVA.

MARTIAL.

Le notaire est au salon. Voulez-vous que la lecture du contrat ait lieu ici ?

Mme DE SAINT-RÉMY.

Non ; nous te suivons. (On s'apprête à sortir.)

SCÈNE X.

Les mêmes, ACHILLE.

ACHILLE.

Arrêtez ! j'ai une nouvelle des plus graves à vous apprendre.

Mme DE SAINT-RÉMY.

Oh ! mon Dieu !

ACHILLE.

Monsieur Debets, le neveu à défaut duquel Clémence était devenue héritière de sa marraine, n'est pas mort en Californie comme on avait cru pouvoir l'établir. Je viens de le voir : il est en bas.

CLÉMENCE.

Ruinée !

LÉOPOLD, à part.

Dieu soit loué!

LA DUCHESSE.

Mes bons amis, quel désastre!...

Mme DE SAINT-RÉMY.

Monsieur le baron, il ne saurait entrer dans l'esprit de personne ici de profiter d'une surprise. Ma fille perdant sa fortune par le retour de cet héritier inattendu, les conditions de ce mariage ne sont plus les mêmes, et nous devons vous rendre votre parole.

LA DUCHESSE.

Perte d'argent est réparable. Au lieu d'être campagnard, on deviendra secrétaire d'ambassade, on travaillera : rien n'est encore perdu...

DE BEAUREGARD.

Permettez, permettez, Madame la duchesse, je ne me sens, comme j'ai eu l'honneur de vous le dire, aucune vocation pour les emplois. Certes, les considérations de fortune sont pour moi d'un médiocre intérêt : mais je dois d'abord considérer la position quasi précaire dans laquelle je placerais mademoiselle. C'est un devoir impérieux, pour tout homme d'honneur, de ne jamais exposer une femme à manquer des choses les plus indispensables, d'éviter qu'elle soit aux prises avec les inexorables exigences de la vie matérielle. Je dois donc faire abstraction de moi-même, m'oublier, refouler tout autre sentiment pour ne me préoccuper que de la situation qui serait faite à mademoiselle de Saint-Rémy. Or, cette situation, de quelque côté que je l'envisage, ne me paraît offrir qu'appréhensions et regrets pour celle que j'aurais voulu combler de tous les biens... C'est donc dans son seul intérêt, pour elle uniquement, que je décline un honneur qui m'était si cher...

MARTIAL.

Il a raison.... C'est évident....

DE BEAUREGARD.

Oui, mon ami, ce sacrifice m'est commandé, il est indispensable pour le bonheur de Mademoiselle....

SCÈNE XI.

LES MÊMES, UNE DOMESTIQUE.

LA DOMESTIQUE.

Le notaire fait demander à madame s'il doit monter ici.

Mme DE SAINT-REMY.

Non. — Nous descendons.

SCÈNE XII.

LÉOPOLD, CLÉMENCE.

LÉOPOLD.

Oh! je l'espérais!.... Une voix me disait en venant ici que cette intervention divine qui vous a déjà sauvée ne vous ferait pas défaut...

CLÉMENCE.

En me ruinant? Me voilà de nouveau sans dot : il y a bien de quoi se réjouir?

LÉOPOLD.

Eh! morbleu, tant mieux! qu'on la reprenne donc une bonne fois, cette maudite dot, pourvu que vous soyez préservée d'un prétendant qui n'en voulait qu'à elle!

CLÉMENCE.

Je le savais.

LÉOPOLD.

Vous... le... saviez... Mais pourquoi donc ce contrat, alors?

CLÉMENCE.

J'espérais, comme vous, qu'un événement fortuit viendrait

le briser (à part : Ne lui disons pas que j'en étais sûre) et
m'éviterait de contrarier ma famille.

LÉOPOLD.

Vous ne l'aimez donc pas?

CLÉMENCE.

Fi! docteur, est-ce qu'on aime ainsi le premier menteur
venu?

LÉOPOLD, comme se parlant à soi-même.

C'est donc bien vrai tout cela?... Plus d'héritage, plus de
prétendant entre.... Eh! tant pis, au diable la réserve et le
mutisme — entre vous et moi! Car enfin il faut bien vous
l'avouer, méchante enfant, ce docteur Léopold n'a plus le
sens commun : grâce à vous, grâce à vos piéges, il est devenu assez faible pour vous aimer, et assez fou pour vous le
dire...

CLÉMENCE, à part.

Oh! voici une note juste!

LÉOPOLD.

Est-ce qu'on peut vous guérir, vous écouter durant des années entières, sans être pris au filet comme un imbécile d'é-
tourneau? Il y a tant de fausses pièces dans la monnaie humaine qu'on finit toujours, quand il vous en passe une de
bon aloi dans les mains, par s'éprendre de la pureté de son
métal. — J'allais parler, j'allais demander votre main, quand
arriva cet héritage que je suis si heureux de vous voir perdre.
N'ayant rien dit avant, fallait-il que mon honneur fût sus-
pecté? qu'on attribuât à la convoitise ce qui ne venait que du
cœur?.... Vous étiez riche, j'étais pauvre. Il n'y avait donc
pour moi qu'un parti à prendre : me taire et souffrir jusqu'au
jour où ma position de fortune égalant la vôtre, j'aurais pu
vous rechercher sans être méconnu. Oh! qu'ils ont été longs
et amers ces jours où je vous ai vue en butte aux poursuites

d'un imposteur déchu, ruiné, qui s'est révélé à moi dans tout son opprobre; mais qui a su malheureusement aveugler ici tout le monde à son endroit. Il est enfin connu, personne ne sera trompé sur les motifs de sa retraite. Cette dot, que j'aurais voulu voir engloutir dès le jour où elle vous fut remise, vient elle-même de disparaître... Il n'y a donc plus que vous, vous seule à prononcer... O mon juge! si vous saviez quelle tendresse immense vous avez répandue en moi, votre arrêt serait équitable?..... J'ai bon courage, une brillante carrière m'est ouverte : appuyez-vous sur mon bras, celui-là ne vous fera point défaut.

CLÉMENCE.

Comment, docteur, c'est au sérieux?.... Vous voulez faire votre femme d'une personne sans dot et sans beauté, d'une sorte de rebut comme moi, y songez-vous?

LÉOPOLD.

Si j'y songe! je le crois bien, et ce n'est pas d'hier que ce doux songe m'est venu! -- Vous vous trouvez laide? c'est d'autant plus singulier que généralement les femmes son portées à se croire plus belles qu'elles ne sont. Quant à moi, je ne reconnais de beauté que celle de la femme qu'on aime, c'est vous dire que je n'en vois pas de plus belle que vous. Mais n'est-ce pas plutôt moi qui vous déplais? qui suis trop gauche, trop vieux?.. Allons un mot, avouez-le vite?... Ce doute est cruel!

CLÉMENCE, à part.

Toutes ces notes-là sont justes! - - (Haut.) On verra, docteur, on verra... Vous avez pris si longtemps pour vous prononcer qu'on peut bien, à son tour, s'en réserver un peu pour répondre... Il n'a rien moins fallu, pour obtenir enfin cet heureux résultat, qu'en arriver aux plus grands moyens... Eh! Monsieur, quand on a l'honneur d'être un homme, on

doit avoir le courage de manifester ses goûts et ses opinions!...
Que serait-il donc arrivé si l'on n'avait eu sa clairvoyance et
si l'on n'eût été trop fière de sa conquête pour lui en préférer une autre?

LÉOPOLD.

Comment! vous saviez?...

CLÉMENCE.

Les femmes savent toujours...

SCÈNE XIII.

Les mêmes, MARTIAL, DE BEAUREGARD, ACHILLE,
Mme DE SAINT-RÉMY, HÉLÈNE, LA DUCHESSE, ÉVA.

MARTIAL.

Erreur! erreur manifeste! Rassurez-vous. C'est le neveu
Philippe qui vient d'arriver : mais Georges Debets est bien
mort et dûment enterré, comme cela a été constaté. Or, il
n'est nullement question de Philippe dans le testament de ta
marraine. Achille a confondu les deux noms. Tu es bien la
seule, l'unique héritière de madame veuve Debets. Rien n'est
donc changé : notre ami Beauregard reconnaît lui-même qu'il
n'a plus le droit de s'immoler en se retirant.

DE BEAUREGARD.

Le bonheur de la femme qu'on a choisie est si sacré, cette
deuxième vie dont on devient responsable demande une si
grande sollicitude, qu'il faut toujours être prêt à tous les sa-
crifices plutôt que de l'exposer aux moindres embarras. Aussi
m'avez-vous vu, Mademoiselle, quel que fut mon déchirement
intérieur, renoncer sans hésiter à un bonheur dont je ne me
serais jamais consolé.

CLÉMENCE, elle se rapproche de Mme de Saint-Rémy.

Je ne doute nullement des louables motifs et des nobles

sentiments que M. le baron de Beauregard vient d'exprimer. Mais, bonne mère chérie, ne m'avez-vous pas toujours dit que mon choix serait le vôtre.

Mme DE SAINT-RÉMY.

Je le maintiens.

CLÉMENCE.

Eh bien, mon choix est fait depuis longtemps : seulement, ne pouvant pas demander le docteur Léopold en mariage, j'attendais qu'il daignât se prononcer.

TOUS.

Le docteur !

CLÉMENCE.

Oui, le docteur, qui, contrairement à M. le baron, ne recherche, lui, que les personnes sans dot, et n'ose plus leur avouer sa préférence si par hasard il leur arrive un héritage.

ACHILLE, à part.

Voilà qui s'appelle mettre un galant modeste au pied du mur.

LÉOPOLD.

Madame de Saint-Rémy, j'ai l'honneur de vous demander la main de mademoiselle Clémence de Saint-Rémy, votre fille. — Épris depuis longtemps de qualités qui vous sont connues, j'avais en effet résolu de vous adresser cette demande, quand un héritage y mit obstacle. Croyant mademoiselle Clémence redevenue sans dot, je lui ai fait part d'un projet qui comblerait tous mes vœux si l'héritage en question ne venait les contrarier.

Mme DE SAINT-RÉMY.

Cette fortune, mon cher docteur, ne peut être un obstacle. Croyez que je suis heureuse d'accueillir une recherche qui ne peut être que désintéressée.

LÉOPOLD.

Oh ! que de bontés, Madame, je vous dois mon bonheur !

Mme DE SAINT-RÉMY.

Et moi la vie de ma fille! — Prenez-la, mon cher docteur;
nous sommes quittes.

ACHILLE, à part.

Hourra pour le docteur!

MARTIAL, à part.

Voilà que nos affaires tournent fort du mauvais côté.

DE BEAUREGARD, à part.

Ça va-t-il finir... Ai-je une assez sotte figure au milieu de
ces sottes gens... (Haut.) Mesdames, j'ai bien l'honneur...

Mme DE SAINT-RÉMY.

Je regrette, Monsieur le baron...

DE BEAUREGARD.

Il n'y a pas de quoi, Madame... vraiment pas de quoi. (Il
s'incline et sort avec Martial.)

SCÈNE XIV.

LES MÊMES, MOINS DE BEAUREGARD ET MARTIAL.

LA DUCHESSE.

Je parie, petite amie, que c'est là un tour de ta façon?

CLÉMENCE.

Il faut bien avouer ce qui est vrai, Madame la duchesse : le
mensonge est chose si méprisable... Quand on rencontre, selon l'expression de Monsieur (elle désigne Léopold), une pièce
des plus fausses dans notre monnaie humaine, y a-t-il grand
mal à l'éprouver un peu?

LA DUCHESSE.

Mais si le baron t'avait prise sans dot?

CLÉMENCE.

Oh! que nenni! Je connaissais trop bien le son du métal...
Et du reste, en dernier ressort, on eût refusé net.

LA DUCHESSE.

Voyez-vous la sournoise!

SCÈNE XV.

LES MÊMES, MARTIAL.

MARTIAL, il tient un paquet de lettres.

Ce pauvre Beauregard est tout désorienté. — On le serait à moins. Que m'a-t-il donc mis dans les mains? Ce sont des lettres à son adresse : il ne sait plus où il en est. Tiens, Hélène, tu lui remettras cela. Je n'aurai pas, quant à moi, le courage de le revoir de quelque temps : je crains que ce qui vient de se produire ne jette une grande froideur dans nos relations.

HÉLÈNE.

Oh! grâce au ciel, elles sont à jamais détruites!

MARTIAL.

Allons, puisque tout le monde est contre lui, même ses défenseurs les plus dévoués, faisons comme tout le monde. — Reçois mes félicitations, docteur. — J'ai prévenu le notaire : il n'y a qu'un nom à changer.

ACHILLE.

Mon Dieu oui, c'est la chose la plus simple : il n'y a qu'à mettre à la place d'un noble sans cœur, un noble cœur.

FIN.

LE ROSE ET LE NOIR

PROVERBE EN UN ACTE.

A MADAME EDMOND R....

Les chimères, les rêves, ne sont-ce
pas là les paillettes dorées dont nous
brodons le manteau noir de notre existence ? Ici-bas, il n'y a que le faux
qui puisse faire supporter le vrai.

MARIA DERAISMES.

Devant cette foule affairée d'hommes graves, d'esprits légers qui courent aux divers buts de l'intérêt, de l'ambition et
du plaisir, ne voyez-vous pas, Madame, une péri bienfaisante
qui déroule sans cesse ses mirages changeants et infinis?

Elle montre à chacun ce qu'il envie le plus : aux uns c'est
la jouissance de l'or, à d'autres, elle fait croire qu'un titre,
qu'un nom illustre dispensent de valeur personnelle, et pro-
met des siècles à la jeunesse, à la beauté, qui n'ont qu'un
jour! A combien de souverains n'a-t-elle pas donné le monde?
Et la poussière de ces détenteurs du globe est mêlée aux
atomes que nous respirons, ou sert, dans nos musées, sous
forme de momies, à distraire la curiosité des passants...

Si l'on en croit la science, qui affirme la périodicité des déluges, un jour viendra où les habitants des mers se joueront parmi les merveilles de nos capitales, où l'oubli impitoyable s'étendra sur nous pour jamais...

Bénie soit-elle donc cette dispensatrice des illusions, cette péri enchanteresse qui jette, à pleines mains, ses fleurs suaves sur la triste réalité, et nous parle d'avenir jusque sur le bord du tombeau... C'est elle, Madame, qui me fait croire que cette esquisse, dont nul ne se souviendra plus demain, ne sera point perdue pour vous.

M. P.

PERSONNAGES.

| Hubert CHAPSAL. | Madame LATOUR. |
| André LATOUR. | Juliette LATOUR. |

La scène est en province.

Le théâtre représente un salon.

LE ROSE ET LE NOIR.

Proverbe en un acte.

SCÈNE PREMIÈRE.

— I

HUBERT, ANDRÉ.

ANDRÉ.

Tu viens donc nous faire tes adieux? Depuis quelques années on te voyait rarement à La Ferté; mais, de temps à autre, on pouvait te serrer la main en passant à Paris. Cela renouvelle l'amitié et ferme la porte à l'oubli. D'où t'arrive aujourd'hui la singulière idée de t'expatrier? de rêver l'existence d'un Iroquois ou d'un Peau-Rouge?

HUBERT.

J'ai mes raisons.

ANDRÉ.

Peut-on les connaître?

HUBERT.

C'est long à dire; et, du reste, ma résolution est irrévocable.

ANDRÉ.

Comme le destin?

HUBERT.

Oui! comme le destin. — Si, au lieu d'être venu sagement en province occuper un emploi dans l'importante maison de ton père, tu avais respiré l'atmosphère des salons, vécu dans ces tourbillons, dans cette agrégation impure dont les exhalaisons flétrissent tout ce qu'on a de bon, de jeune, d'enthousiasme au cœur, peut-être y aurais-tu perdu, comme moi, les plus belles illusions, aurais-tu voulu mettre, entre ce monde décevant et toi, les abîmes d'un océan?

ANDRÉ.

Tu fais des phrases? C'est ton métier, puisque te voilà lancé, à toutes voiles, dans la littérature. Pas mal pour un débutant, pas mal! Continue, et nos arrières-neveux auront, je l'espère, le bonheur de te contempler, coulé en bronze ou sorti d'un bloc de Carrare, dans notre petite cité. La *Revue* édite ta prose ni plus ni moins que celle des maîtres, au milieu desquels, disons-le sans flatterie, tu fais assez bonne figure. Seulement, explique-moi pourquoi ton premier livre, qui a charmé tous les lecteurs par ses frais tableaux et la tranquille lumière qui en éclaire chaque page, est tout à fait en disparate avec le second, où tu te montres sombre comme la nuit, et rappelles le chantre de Child-Harold et de Caïn?

HUBERT.

Tu dis vrai. Il y a quelques mois à peine, je ne voyais encore qu'images blanches et pures; mais l'inexorable réalité a surgi tout à coup à mes yeux dessillés, a peint en noir les riantes couleurs dont le prisme m'éblouissait.

ANDRÉ.

D'où nous est donc venu un pareil désenchantement?

HUBERT.

Nous sommes déjà de vieux amis, mon cher André; ici comme à Rollin, où tu te moquais de mon enthousiasme, je t'ai toujours trouvé excellent camarade: je ne vois pas pourquoi je te cacherais mon malheur. — Tu sais quel était mon entraînement vers tout ce qui est noble et beau. Je sortis des bancs avec les plus généreuses aspirations. Ma mère exigea

que je fisse mon droit; mais, ce devoir accompli, libre, indépendant par la fortune de mon père, dont je me trouve en
possession, je songeai à suivre la périlleuse carrière des lettres,
non dans l'espoir d'y faire un peu de bruit ou d'y gagner beaucoup d'argent; mais pour répondre à un goût qui ressemblait
à une vocation, et me livrer, sans entrave, aux nobles jouissances de la pensée. Protégé par l'excellent Scribe, que nous
devions trop tôt pleurer, n'ayant pas, comme la plupart de
ceux qui débutent, à me préoccuper du pain quotidien, la lice
sembla s'ouvrir d'elle-même devant moi. Mon premier ouvrage fut accueilli favorablement. Mon nom était connu; on
me considérait déjà comme une espérance : mais la plus amère
des déceptions devait bientôt me transformer!

ANDRÉ.

Comment cela?

HUBERT.

Tu sais que madame Dulac a son appartement dans l'hôtel
que j'habite avec ma mère? Sa fille Jeanne, aujourd'hui la
baronne de Labrocardière, est la personne la plus spirituelle,
la plus séduisante qu'on puisse imaginer. Nos rapports de famille étaient journaliers. Ces dames me témoignaient une faveur marquée sur tous les autres jeunes gens qui fréquentaient
leurs salons. Je m'étais habitué aux doux sourires de Jeanne,
à l'accueil caressant de sa mère. On me traitait de manière à
me faire comprendre qu'il ne me restait plus qu'une formalité à
remplir pour me trouver le gendre fortuné de madame Dulac.
J'étais éperdument amoureux de Jeanne : sa vue m'était un
besoin de chaque jour, de chaque instant; je ne vivais, ne
respirais qu'en elle; tout était harmonieux, riant autour de
moi; ma plume ne traçait que des idées roses. Heureux et
fort d'un sentiment que je croyais sûrement partagé, je vou-

lais, avant de faire demander la main de mademoiselle Dulac, vaincre les dernières résistances de ma mère, qui la trouvait d'un caractère trop léger. — J'arrive un mercredi soir, jour de réception de nos voisines. L'accueil fut glacial. Atterré sous le coup, j'en cherchais la cause, quand j'aperçus un personnage tournant gravement le dos à la cheminée. C'était M. de Labrocardière, secrétaire d'ambassade, dont le titre et les broderies venaient de détruire mes plus beaux rêves d'avenir!

ANDRÉ, lui serrant la main.

Pauvre Chapsal!

HUBERT.

Tu comprends le reste. — Les magiques illusions se sont évanouies; la cruelle vérité s'est montrée toute nue : cela t'explique pourquoi, de rose qu'il était, le monde est devenu si noir!

ANDRÉ.

Il te restait ta plume?

HUBERT.

J'ai cru pouvoir travailler encore; mais les acerbes critiques que m'a values ma dernière publication ne m'ont que trop bien fixé à cet égard. Ce qu'on avait pris en moi pour du talent, n'était que le résultat des circonstances favorables dans lesquelles je me trouvais placé. Aujourd'hui, je me connais, je connais le cœur humain, et sais le cas qu'il faut en faire. Étonne-toi maintenant du vif désir que j'ai de traverser les mers, de me trouver sur une terre moins caduque ou moins dépravée?

ANDRÉ.

Eh bien, mon cher Hubert, s'il faut te parler franchement, je ne vois au fond de tout cela qu'une blessure d'amour-propre.

HUBERT.

Bien jugé! Salomon n'est qu'un bambin auprès de toi! —
Qu'a de commun l'amour-propre avec ce qui m'arrive? J'aime,
j'ai la persuasion d'être aimé; la vanité, la perfidie me préci-
pitent du ciel des illusions; je vois alors les choses dans leur
véritable jour; j'enlève les masques, je souffle sur les fausses
vertus, sur le fard dont les hommes se badigeonnent, et ne
trouve plus que les misérables mobiles qui les poussent à tant
de bassesses et d'ignominie!

ANDRÉ.

Je maintiens mon dire. — Si tu le permets, je vais l'expliquer : Ta nature est enthousiaste comme celle des poëtes
et des artistes. Tu peux avoir un cœur excellent; mais l'imagination domine en toi. Tant que cette grande magicienne,
dont la baguette peut tout transformer en un clin-d'œil, a
senti ton amour-propre enivré de flatteries, de préférences,
elle ne t'a montré que fleurs et rayons qu'elle a remplacés par
des ronces le jour où tu t'es cru victime d'un amour que tu
n'as jamais ressenti.

HUBERT.

Tu en parles bien à ton aise?

ANDRÉ.

Eh! mon cher, on connaît les jeunes auteurs, même les
vieux. Ils ont aussi leur tunique de Nessus, dont ils parvien-
nent rarement à se délivrer : je parle de la vanité. On a dit
de l'Académie française, que c'est une réunion de coquettes.
Je suis un peu de cet avis. Les dames Dulac t'ont loué, préféré jusqu'à l'arrivée du baron; mais étaient-elles engagées
vis-à-vis de toi? Humilié, amoindri à tes yeux, tu t'es cru
trahi; tu as mis l'amour en avant quand un tout autre sentiment était en jeu; et, au lieu d'admirer, comme par le passé,

créature et créateur, tu as charitablement jeté la pierre à tout le monde !

HUBERT.

Rien n'est plus faux !

ANDRE.

Rien n'est plus vrai ! tu le reconnaîtras plus tard toi-même. Ce qu'il y a de mieux avec nos amis, c'est de leur montrer de suite le défaut de leur cuirasse afin qu'ils puissent éviter les atteintes de l'ennemi. Tu ne rencontreras ici que de bonnes gens qui ne s'entendent guère à écrire de beaux livres comme toi, se contentent de fabriquer des meules et de jouir, en paix, des douceurs de la vie intime : mais tu peux être sûr de trouver toujours, chez eux, franchise et sincère amitié.

SCÈNE II.

LES MÊMES, Mme LATOUR.

Mme LATOUR, donnant la main à Hubert.

Cher monsieur Hubert, que j'ai de plaisir à vous voir ! Comment se porte ma grande amie, madame Chapsal ? — J'espère que vous allez faire ici un long séjour pour nous dédommager de toutes les visites que vous nous devez ?

HUBERT.

Mille remercîments, Madame ; la santé de ma mère est excellente. Quant à moi, j'ai le regret d'être obligé de partir par le premier train.

Mme LATOUR.

Quoi ! vous ne nous accordez pas un seul jour ? C'est à peine si nous aurons le temps de vous voir. Madame Chapsal doit venir ici dimanche. Ne consentirez-vous pas à l'attendre ?

HUBERT.

Oh! de toute impossibilité. Je m'embarque dimanche au Havre pour les Indes.

Mme LATOUR.

Ce n'est donc pas un faux bruit que ce projet de vous expatrier, de vous exposer à tous les dangers qui accompagnent les voyages aussi lointains?

HUBERT.

Non, madame, c'est, Dieu merci, une réalité, une détermination que rien ne saurait ébranler. Il me tarde d'explorer ce mystérieux pays qu'on dit être le berceau du genre humain, de me trouver au milieu des jungles, des forêts vierges, pour m'y livrer à la chasse au tigre.

ANDRÉ.

Peste! rien que cela?

Mme LATOUR.

Je ne vous savais pas un goût aussi déterminé pour la chasse au tigre.

ANDRÉ.

Il se nomme Hubert.

Mme LATOUR.

C'est juste! Comment, Monsieur, vous aurez la cruauté d'abandonner votre pauvre mère, de lui ravir toutes ses joies, toutes ses consolations, en un mot, tout ce qui lui reste de bonheur sur terre? Mais songez donc à ce délaissement affreux, à ses terreurs de chaque instant, en pensant aux périls qui peuvent lui ravir son fils unique?

HUBERT.

Grâce à la vapeur, ces périls n'existent plus, au moins en partie, que dans l'imagination des personnes habituées à mener une vie sédentaire. Ma mère a pris une demoiselle de compagnie. Elle sait, mieux que personne, combien ce voyage m'est indispensable, et, loin de s'y opposer, m'excite au contraire à l'accomplir.

SCÈNE III.

LES MÊMES, JULIETTE.

JULIETTE, étonnée.

Hubert!

HUBERT, saluant profondément.

Mademoiselle.

Mme LATOUR.

Puisque ce voyage est irrévocable, et que nous ne pouvons rien y changer, je vais faire avancer le dîner afin de ne pas vous mettre en retard.

HUBERT.

Vous êtes mille fois trop bonne!

ANDRÉ, à Hubert.

Je reviens à l'instant.

SCÈNE IV.

HUBERT, JULIETTE.

HUBERT.

Est-il possible que deux ou trois années à peine aient produit, en vous, un aussi prodigieux changement? C'est tout au plus si je vous ai reconnue.

JULIETTE.

Vous trouvez, Monsieur!

HUBERT.

Monsieur! Ne suis-je donc plus votre compagnon d'enfance?

celui que vous appeliez, il y a peu de temps encore, votre cher Hubert?

JULIETTE.

Ne m'avez-vous pas saluée, vous-même, avec toutes les cérémonies du plus grand monde?

HUBERT.

Si mon salut vous offusque, Juliette, je le retire. Appelez-moi Hubert, comme autrefois?

JULIETTE, se rapprochant de lui.

Bien volontiers! Il y a si longtemps que nous désirions vous voir, vous féliciter; car vous avez fait un chef-d'œuvre que ma mère m'a permis de lire : mais vous êtes devenu si rare, si oublieux, qu'on avait presque perdu l'espoir d'en trouver l'occasion.

HUBERT, se rassérénant.

Bonne Juliette!

JULIETTE.

« Depuis qu'il est un écrivain distingué, me disais-je, » il ne pense plus à nous, à ses anciens amis qui semblaient » lui être si chers! » Mais quel fut mon ravissement quand, en lisant votre livre, je retrouvai dans ses plus belles pages, dans ses plus charmantes peintures, des réminiscences de l'époque que nous avons passée ensemble, et souvent une ressemblance parfaite avec ce que nous avions dit ou vu. J'y reconnus même plusieurs personnes, affublées de noms étrangers, qui ne sauraient être mécontentes de leur portrait. Oh! que je vous ai su gré, Hubert, de professer cette douce religion du souvenir, d'avoir rendu avec le cœur, avec un art accompli, tant de vives impressions, de suaves images que j'avais connues comme vous, mais qu'il m'eût été impossible d'exprimer!

HUBERT.

Avez-vous lu mon dernier ouvrage?

JULIETTE.

Non, j'en ai entendu parler vaguement. On dit que c'est un contraste du premier? Mais, quoique l'envie de faire sa connaissance ne m'ait pas manqué, on n'a pas jugé à propos de me le mettre sous les yeux.

HUBERT, à part.

C'est heureux!

JULIETTE.

Je vous dois toute ma confession; moi qui vous accusais d'oubli, d'indifférence, qui sait? peut-être même d'ingratitude! tandis que, dans le silence du cabinet, vous retraciez, heure par heure, nos innocents plaisirs, nos fêtes de campagne, les jours heureux de nos familles, et rendiez si bien les délicieux paysages qui environnent notre chère Ferté! Oh! c'est beau! c'est une noble piété celle qui ne permet point que rien n'efface de la mémoire, les noms de ceux qu'on a connus!

HUBERT.

Dites tendrement aimés, chère Juliette! On ne se souvient pas ainsi de tout le monde : mais seulement de ceux qui produisent sur notre esprit une vive impression. — Vos paroles m'ont fait du bien. On se sent devenir meilleur en vous écoutant. Mais ne croyez pas qu'on voie toujours les choses de la même manière : les ans, ou un simple événement dans notre vie, modifient singulièrement leur aspect.... Pardonnez-moi de jeter une ombre, si légère qu'elle soit, sur tant de grâces et de beauté?

JULIETTE.

Flatteur! si je vous pardonne, Hubert! (*Elle lui tend la main.*) touchez-là : vous n'avez pas de meilleure amie!

HUBERT.

Oh merci!... Comme il fait bon respirer l'air natal! ma poitrine se dilate : il me semble que, depuis un instant, une vie nouvelle circule en moi. C'est comme aux jours où, échappé du collége, je revenais ici le cerveau grossi de rêves d'or, le cœur tout plein d'une séve que j'ai cru tarie pour toujours... J'aurais dû ne pas quitter ces lieux bénis qui calment, rafraîchissent l'âme!...

JULIETTE.

Mais, j'y songe, qu'est-ce donc que ce voyage dont parlait mère? A peine arrivé, repartiriez-vous déjà, Hubert?

HUBERT.

Hélas! je vais avoir la douleur de vous quitter dans quelques instants. On a retenu ma place sur un paquebot qui part dimanche. J'ai formé le projet d'explorer les Indes.

JULIETTE.

Beau projet, sans doute! Mais je suis bien fâchée, Monsieur, de vous avoir tendu si cordialement la main! Comment! vous restez trois ans sans daigner paraître à La Ferté, et vous n'y venez que pour nous annoncer que vous allez à l'autre bout du monde, parmi ces affreux sauvages dont les Anglais racontent les atrocités! Oh! c'est mal, bien mal! et, quant à moi, je ne vous le pardonnerai de ma vie!

HUBERT.

Voulez-vous nous quitter fâchés!

JULIETTE.

Certainement, Monsieur, fâchés, très-fâchés! Ce que vous faites-là est indigne de vous!...

HUBERT, à part.

Je n'ai rien vu de plus ravissant! (Haut.) Allez-vous me repousser, maintenant? Chère Juliette, ne m'accablez pas; restons bons amis; pour vous être agréable, je consens à tout ce que vous voudrez : même à rester.

JULIETTE.

Ah! si c'était vrai cela, Hubert, comme vous seriez gentil, comme je vous embrasserais de bon cœur!

HUBERT.

Très-vrai, je vous assure.

JULIETTE, lui prenant le bras.

Dans ce cas, mon cher auteur, vous laissez partir votre paquebot et ne quittez La Ferté que dans plusieurs mois; nous devenons inséparables comme autrefois; je tiens à vous avoir auprès de moi pour le grand jour : car, il faut bien vous l'avouer tout bas, on me marie.

HUBERT, faisant un bond en arrière.

On vous marie!

JULIETTE.

Qu'y a-t-il d'étonnant à cela, je vous prie? Ne viens-je pas de terminer ma dix-huitième année?

HUBERT, piqué.

Et peut-on savoir le nom du fortuné mortel que vous avez choisi?

JULIETTE.

Je n'ai pas choisi. Une demoiselle ne choisit point, monsieur; elle s'en tient à la sagesse de ses parents, leur obéit

sans hésiter. J'agis ainsi, ne vous déplaise. Le jeune homme
qui me recherche est ingénieur civil. Il y a convenance entre
les familles et les caractères. Mon père a l'intention d'associer,
plus tard, son gendre à André, et de leur laisser son com-
merce.

HUBERT.

Vous l'aimez?

JULIETTE.

Pas du tout! Le connais-je seulement; nous ne nous sommes
jamais vus : il arrive ici ce soir.

HUBERT, à part, en marchant à pas précipités.

Comment empêcher ce mariage?... Livrer un pareil trésor.
Ah! maudit voyage, maudite précipitation!...Tout est perdu!...

JULIETTE, se rapprochant d'Hubert.

Eh bien, là, franchement, Hubert, ce mariage a l'air de
vous contrarier?

HUBERT.

Juliette, chère Juliette! rien ne me tient plus à cœur que
votre établissement, votre bonheur. Et savoir que vous devez
bientôt appartenir à un inconnu, vous résigner à cette vie de
province, à ces jours monotones qui se ressemblent comme
les grains d'un chapelet, quand, douée de tous les dons, vous
êtes si bien faite pour briller dans le monde, rechercher les
douces jouissances de l'esprit, qu'on ne peut trouver qu'au
sein des grandes cités, dont vous seriez un des plus divins
ornements!

JULIETTE.

Voyez-vous ça? Un des plus divins ornements! rien que
cela?—Comme ils vous parlent, ces gens de lettres!—Rassurez-vous, Monsieur, j'ai peu le goût de la foule et du monde.
La Ferté est aux portes de Paris : les livres, les distractions

intellectuelles n'y manquent point. Mes parents s'y plaisent; pourquoi n'y serais-je pas heureuse aussi? N'avons-nous pas nos promenades à la campagne pendant la belle saison; l'hiver, nos réunions, nos causeries du soir? Mère, qu'on dit être une femme supérieure, se trouve satisfaite de cette existence; et moi j'en envierais une autre? Non, Hubert, le bonheur est ici : je veux que vous y soyez témoin du mien?

HUBERT.

Mais, chère Juliette, je ne puis... en vérité...

JULIETTE.

Pas d'excuse! j'ai confiance en vous. C'est entendu; je vais prévenir que vous restez.

SCÈNE V.

HUBERT.

Je n'y suis plus.... C'est à jeter sa tête aux murs.... Pouvais-je m'attendre à une pareille métamorphose?..... Je ne connais rien de semblable! C'est l'Ève de Milton s'éveillant au souffle de son créateur! simple, vraie, elle charme et ne s'en doute point. Rien d'apprêté, de guindé : son âme se manifeste, dans toute son innocence, comme une fleur qui ne sait pas le prix du doux parfum qu'elle répand. Jamais plus pur diamant n'échut aux mains du lapidaire!... Elle s'ignore; Jeanne s'exagérait sa valeur : l'une parle d'abondance, selon l'impulsion de son cœur; l'autre cherchait l'effet; calculait déjà le résultat d'un sourire ou d'une louange; la vanité, l'ambition avaient déjà marqué leurs rides sur ce front de vingt ans; cette jeunesse était flétrie! Mais ici tout est réel, sans tache; la limpidité du regard prouve la sincérité des paroles : il faudrait plutôt douter de Dieu et de soi-même que de cette naïve enfant. Où donc avais-je les yeux pour lui préférer une coquette?... Maudire, abandonner un monde où l'on rencontre de telles créatures? Mais c'est de la folie!... Que m'importe, après tout, puisque je dois partir? — Oui, je me suis trop avancé... Quelle opinion aurait-on de moi?... Partir?... non, c'est absurde! ce voyage me serait insupportable; je n'aurais jamais le courage de l'entreprendre. Comment me douter, en venant ici, que j'y trouverais l'arbitre de ma destinée, car enfin, je ne puis me le dissimuler plus longtemps, j'aime, j'adore Juliette de toute la puissance de mon âme! C'est elle, c'est son doux regard qui vient de dissiper les ténèbres qui m'enveloppaient. Elle est mon soleil, ma vie! Et je voudrais la fuir?.... Tout est arrêté sans doute; elle se marie : on va lui présenter celui qui doit la posséder.... Que faire?.... que devenir?

SCÈNE VI.

HUBERT, ANDRÉ.

ANDRÉ.

C'est vraiment dommage, mon cher Hubert, que tu n'aies pas voulu nous accorder quelques jours. Il nous arrive, ce soir, un jeune ingénieur avec lequel nous ferons demain une superbe partie de chasse au Bois-Marie.

HUBERT.

Cher Bois-Marie! Vous l'avez donc toujours?

ANDRÉ.

Et la forêt de Jouarre aussi, dont nous ne sommes, il est vrai, que les modestes locataires. Dame! tu ne pourrais guère là satisfaire ta vocation pour la chasse au tigre : mais tu l'exercerais sur maints gibiers plus appétissants, voire même sur la bête fauve.

HUBERT.

Que de bons dimanches nous y avons passés ensemble; comme l'air est sain sous ces grands arbres! je pense bien souvent à ce temps heureux, à ces jours...

ANDRÉ.

Il y paraît puisque tu pars?

HUBERT.

Oh! ce n'est point l'envie de rester qui me manque; mais tous mes préparatifs sont faits. Tu comprends, mon cher André...

ANDRÉ.

Oui, mon ami, je comprends tes motifs et ne puis t'en vouloir. Mais on va servir; et, si tu tiens à ne pas manquer le train ou le dîner, tu feras bien de me suivre. — Ah çà, je compte sur toi pour dévaliser, au profit de mon musée, tous les bazars, et, s'il se peut, quelques-unes des pagodes des Indes! Surtout, prends-en bonne note, je veux une peau de tigre. Ne crains rien, on saura faire mousser cela : je ne manquerai pas de raconter, à tout le monde, les grands dangers que tu auras courus en tuant le monstre à coups de.... billets de banque.

HUBERT, à part.

Comment sortir de ce mauvais pas! Peste soit du voyage!

ANDRÉ.

Tu n'as pas faim? je vois cela.

HUBERT.

Mon ami, j'aurais quelques renseignements à te demander.

ANDRÉ.

Je suis tout oreilles.

HUBERT, à part.

C'est difficile... (Haut.) Vous mariez Juliette?

ANDRÉ.

On en parle.

HUBERT.

Avec un ingénieur?

ANDRÉ.

Qui t'a dit cela?

HUBERT.

Ta sœur.

ANDRÉ.

Du moment que tu es son confident.

HUBERT.

Mon cher André, je t'en prie en grâce, réponds à ma question; y a-t-il des engagements pris entre les deux familles?

ANDRÉ.

Nullement. Pourquoi cela?

HUBERT, avec embarras.

C'est que.... un intérêt puissant.... une espérance.... un amour...

ANDRÉ.

En sortiras-tu?.... Que diable as-tu donc?.... Te voilà exactement dans la situation où tu te trouvais quand, interrogé par le terrible monsieur Closrobert, je te soufflais les leçons que tu n'avais pas apprises. Est-ce que les tigres te feraient tourner la boule? Qu'y a-t-il? Explique-toi!

HUBERT.

Eh! il s'agit bien de la chasse au tigre! Mon bonheur, mon existence sont en question!,.. Tu vas te récrier et me trouver extravagant : mais, mon cher André, mon meilleur ami! c'en est fait de moi si tu ne viens à mon aide; car je préférerais cent fois mourir à voir Juliette en d'autres bras!

ANDRE.

Juliette qui?

HUBERT.

Laquelle donc, si ce n'est celle qui vient de me rendre à la jeunesse, à l'espérance! Un changement subit s'est opéré dans mon esprit : sa magique influence m'a transformé. Du doute, je passe aux plus nobles croyances : mon cœur était mort; il bat à rompre ma poitrine. Oh! les êtres célestes ne sont point un songe creux, une chimère : car j'ai vu mon ange sauveur!

ANDRE.

Or çà, mon poète, aurions-nous la fièvre? rêverions-nous tout éveillé? — Je sais bien que les gens qui ont la maladie d'écrire ne laissent aucun repos à leur cerveau et y attirent une trop grande quantité de sang : mais tous ne deviennent pas fous pour cela.

HUBERT.

Charmant!

ANDRE.

Tu arrives ici, il y a quelques instants, tu nous fais tes adieux avant d'effectuer un projet irrévocable comme le Destin (ce sont tes paroles); tu ne vois que déceptions dans le monde, perfidies chez les femmes; noirceurs chez les hommes. Ne pouvant tirer sur eux, tu te prépares au moins, comme Méry de son cabinet, à faire la guerre aux tigres. Et, tout à coup, le vent change, la girouette tourne : le monde a cessé d'être noir; le rose reparaît; les anges remplacent les chauves-souris, la métamorphose est complète; notre voyage est oublié! — Certes, de la part d'un écervelé, cela n'étonnerait personne; mais de toi, d'un esprit sérieux, d'un caractère qui ne cessa jamais d'être ferme et droit, franchement, cela me paraît singulier?

HUBERT.

Je te sais gré de rendre justice à mon caractère. Il est vrai, les apparences sont contre moi. Ta surprise est si naturelle que je la partage avec toi. Ce qui vient de se passer en moi est, en effet, si surprenant, que je ne puis m'en rendre compte. Est-ce le résultat d'un charme, d'un antidote qui agit inopinément, et dont Juliette seule pouvait disposer en ma faveur? Quoi qu'il en soit, la lumière s'est faite : j'ai vu briller, tout à coup, les grâces, les vertus attribuées, par moi, à une personne futile, à un cœur indigent. Un astre nouveau a resplendi : ses doux rayons me font renaître!

ANDRÉ.

Cela se trouve dans le grand Shakespeare. Son Roméo, (quelle modestie de ta part!) se croit amoureux de Rosalinde, quand une autre Juliette vient l'enflammer. Cela fait bien dans le drame; mais, en vérité, dans nos mœurs bourgeoises, prosaïques, il me semblait qu'on agissait différemment? Ce qui vient si vite s'en retourne souvent de même. Qui me dit que, demain, l'ange d'aujourd'hui ne sera pas oublié, comme le sont l'Inde et les tigres?

HUBERT.

Tu es cruel!

ANDRÉ.

D'abord, je te trouve bien riche pour Juliette. Est-ce que ton imagination pourrait se faire au poids des meules? Songes-y donc, c'est lourd!

HUBERT.

Oui, mon ami, j'accepte tout, je me livre à vous sans réserve. Accordez-moi mon enchanteresse, et je suis le plus heureux des hommes !

ANDRÉ.

Hé! hé! mon cher, la chose est difficile... Tu as été si affirmatif à l'endroit de ce voyage... Et puis ce n'est pas mon affaire... L'autre qui va arriver.... Tiens, voici Juliette. (*Elle se montre en scène.*) Tâche de prendre les avances.

SCÈNE VII.

HUBERT, JULIETTE.

JULIETTE.

Mère est enchantée. Votre départ désorganisait tout le service de son diner. Entre nous, Hubert, vous faites bien de rester. Je m'oppose formellement à ce dangereux voyage.

HUBERT.

Vous tenez donc beaucoup à ce que je voie cet ingénieur?

JULIETTE.

Beaucoup! Les écrivains sont observateurs. Vous verrez de suite si les bons renseignements qu'on a fournis sur lui sont exacts. Je vous l'ai dit, j'ai confiance en vous : il me faut votre avis.

HUBERT.

Eh bien! mon avis est que ce parti ne peut vous convenir.

JULIETTE.

Pourquoi cela, Monsieur?

HUBERT.

Pour cette simple raison que je vous aime, ma chère Juliette, et que, moi vivant, à moins d'un ordre sorti de votre bouche, nul autre ne vous aura en sa possession.

JULIETTE, se reculant.

Quelle est cette plaisanterie?

HUBERT.

Plaisanter! ma Juliette chérie! Ne le voyez-vous point? la guérison miraculeuse que vous venez d'opérer sur mon âme, ne rejaillit-elle pas au dehors? Le cœur gonflé d'amertume, n'espérant plus en rien, j'allais m'expatrier, quand vous m'êtes apparue, m'avez rendu la foi, douce péri, ange (Il cherche à lui prendre la main.) envoyé de Dieu!

JULIETTE, le repoussant.

Laissez-moi, Monsieur; je ne vous reconnais plus du tout... votre conduite est inqualifiable!...

HUBERT.

Juliette, je vous en supplie, daignez m'écouter; croyez-moi toujours digne de votre confiance. Ne suis-je plus le compagnon de vos jeunes années, celui que vous venez de recevoir en ami; et qui rencontre en vous la réalisation de ses plus belles espérances? Je vous dois une vie nouvelle : oh! qu'il me soit permis de vous la consacrer? Que chaque jour, à chaque heure, je puisse entendre cette douce voix, ces douces paroles qui me rajeunissent le cœur?

JULIETTE.

Composez-vous? Essayez-vous sur moi l'effet d'une tirade?

HUBERT.

Grave composition que celle-ci, car d'elle va dépendre le bonheur de mon existence!

JULIETTE.

Serait-ce pour de bon?

www.ingramcontent.com/pod-product-compliance
Lightning Source LLC
LaVergne TN
LVHW021859170726
843503LV00003B/1306